知的障害教育の
授業づくり A to Z

―子ども主体の知的障害教育の
　　　理論と実践を巡る語りあい―

監修：名古屋恒彦
編著：佐々木　全

監 修 者 序

　2017 年からの一連の学習指導要領公示以降、学校教育は、戦後の教育史の中でも画期とも言えるときを迎えています。

　「社会に開かれた教育課程」「育成を目指す資質・能力」「主体的・対話的で深い学び」「カリキュラム・マネジメント」といったキーワードによって導かれる教育は、学校教育全体で、子どもが生き生きと学び、生きる力・生きた力を養っていくことを指向しています。

　知的障害教育も例外ではありません。戦後一貫して、子どもの自立を求めて成立・発展してきた知的障害教育は、特に 1970 年代以降は、子ども主体の授業づくりに力を注いできました。その伝統は、学習指導要領が導く今日の教育思潮と合致し、その実践のさらなる充実が期待されます。

　その一方で、現場では、様々な戸惑いがあるのも事実です。「子ども主体の授業づくり」といっても、その授業はどんなものか、さらに突きつめていけば、そもそも「子ども主体」とは何か、それをどのように見取り、支えるのか等、様々な戸惑い、問いが存在しています。

　その解決のために、様々な書籍が編まれています。理論を中心に展開する書籍があります。実践や授業づくりのノウハウを示す書籍があります。両者を融合した書籍もあります。それぞれが、読者のニーズに応える役割を果たしていることでしょう。

　本書も、先行する数多の書籍と同じく、知的障害教育の場での、子ども主体の授業づくりのあり方を主題としています。

　でも、本書は先行する書籍のとるいずれの方法も採用しませんでした。では、本書が採用した方法とは——。

　それは、「語り」です。

　現場で、まさに子ども主体の授業づくりに取り組む教師たちの、本音の「語り」を中心に、これからの知的障害教育における子ども主体の授業づくりを考える、という方法を採用したのです。

　しかしながら、この種の方法は、理論を鮮明に立てるでもなく、実践を具体的に、ビジュアルに示すでもありません。難しい表現方法であると言わざるを得ません。

この困難な作業をあえて選択したのが、本書の著者である佐々木全准教授です。

　佐々木准教授は、その恩師加藤義男先生（岩手大学名誉教授）の下で、学生時代より子どもたちの中で実践と理論を磨き、その後は現場教師として、そして現在では研究者として、現場に泥くさくこだわり、しかも理論の明確化を目指す姿勢を一貫して取り続けています。このような佐々木准教授であればこそ、多くの志を同じくする仲間が自ずと集います。その仲間の協力を得て、あえてこの困難な作業に挑戦しました。現場にこだわる佐々木准教授だからこそ、現場の言葉、現場の「語り」にこだわるこの方法を取り得たと、筆者は思います。

　ですから、読者のみなさまは、ぜひ本書の中で、現場の同僚に出会うように本書に登場する実践者たちに出会ってほしいと願います。そして、生々しい現場の言葉から、これからの知的障害教育を共に考えていただければと願います。

　「語り」という方法を通して、読者のみなさまにも、あたかも職員室で仲間と語り合うように、本書の中での語りに参加していただき、明日からの授業づくりの手がかりを、生々しく感じ取っていただければ、望外の喜びです。

2022年9月　名古屋　恒彦

まえがき

■□□ 生活の文脈に即した指導方法

　平成29〜31年の学習指導要領改訂に伴い、学校教育では、生きる力を「知識及び技能」「思考力・判断力・表現力等」「学びに向かう力、人間性等」の資質・能力として具体的に示し、それらの育成を目指します。そのための学習過程では「主体的・対話的で深い学び」が重視され、これにまつわる数多の指導方法が開発され多様化している状況もあります。

　私たちのフィールドである知的障害教育においても同様でしょう。今日、多様な方法をもって資質・能力の育成が目指されますが、その中では、生活の文脈に即した学びこそが求められています。

　その中で、知的障害教育では、伝統的に生活の自立を目標として、生活の文脈に即して生活活動自体を教育内容及び方法とする教育が行われてきました。従前より「生活主義教育」と呼ばれてきた教育実践がこれにあたり、近年では「子ども主体の教育」などと呼ばれ生活活動自体を大切にする理念の実現を目指し、実践が蓄積されています。

　そもそも、指導法というのは、その背景に固有の教育観や子ども観を有しています。そして、指導法を実践するに際しては、どのように授業づくりをすすめるかという、教師の日常的な課題である「授業づくり」に行き着きます。本書では、知的障害教育における本質を最新かつ細心の理論知として整理しつつ、教師の日常的な課題「授業づくり」における実践知と往還し、融合することを目指します。やや堅苦しい言葉になりましたが、教師どうしで「子ども主体の授業づくり」について語りあおうという試みです。

　なお、本書の内容は、私が近年ご一緒させていただいている、岩手大学教育学部附属特別支援学校における実践研究や、岩手大学大学院教育学研究科（岩手大学教職大学院）における特別支援教育の教育実践研究、ならびに「いわて子ども主体の教育を学ぶ会」の研修事業において学び得た知見に基づくものです。

□■□ 「子ども主体の教育」は絵に描いた餅か？－勿論、否。

　私は、岩手大学で特別支援学校の教員養成に携わっています。学生は、4年次になると岩手大学教育学部附属特別支援学校で2週間の教育実習を行います。教育実習を終えたある学生がこんなことを話していました。
「大学の講義で子ども主体の授業づくりを習いました。それって理想の話というか、教師の心がけみたいなことだと思っていました。」

　勿論、子ども主体の教育とは、理想や心がけを含みますが、「絵に描いた餅」ではありません。しかし、往々にして「絵に描いた餅」として伝わることが少なからずあるのでした。

　「でも—」、この学生の語りは続きました。
「教育実習に行って、実際の特別支援学校の授業を経験して、子ども主体の授業づくりって本当にある、できるんだってわかりました。特別支援学校の教師になりたいと思いました。」

　私は目の前の霧が一気に開けたような気持ちになりました。学校には、「絵に描いた餅」ではなく、「本物の餅」があるのです。そこには、「餅米を炊き、餅をつき、こね、餅を食らう」とでもいうべき、子ども主体の授業づくりを実現する努力と技術と、そして成果があるのです。

　この学校教育の実践こそが、学生にとってリアルな学びとなったのです。これこそがまさに実践の力と言えるでしょう。一方で、大学の講義で伝えられない自らの非力が恨めしくも思えます。そして、このような学生とのやりとりは、デジャブか、と言うほどに繰り返し経験します。

　さて、教育実習を経験した学生は、「絵に描いた餅」に思えた理論知を片手に学校に赴き、「本物の餅」である実践知を持ち帰ったわけです。この学生が教師として熟練していくために必要な次の一歩は何でしょうか。

　私は、「本物の粘る餅」の絵を描くことだと考えます。ここでいう「絵」とは、設計図とかレシピという意味です。つまり、実践を理論化するということです。さらにその後には、理論を実践化するのです。そして、再び実践を理論化するなどという、理論と実践を行ったり来たりすることです。ここには、いくつもの成功と失敗、試行錯誤が含まれるでしょう。そして、リフレクション（省察）ともいうべきその過程を経ることで、教師として熟練していくのだろうと思います。教師としての熟練というと、やや仰々しく聞こえます。しかし、これは

現職にある教師にとっての日常です。今日の授業を振り返り、明日の授業を練るということに他なりません。先の学生は、来春には新人教師として、この日常に加わることになるのでしょう。

□□■　餅の湯気と香りを伴う熱々の語り

　教師の日常では、授業について、子どもについて多くが語られます。「今日の授業どうだった？」「○○君がさっきね〜」「補助具の調整がうまくいかないんだよ、ちょっとこれ見てよ」などで切り出される放課後の炉辺談話。束の間の語りの中で、教師は理論と実践を行ったり来たりします。

　本書では、この臨場感をお伝えしようと、私と大学院生が、教師仲間を招いて語り合うという表現方法を用いました。7つの章で構成しましたが、語りの背景としての理論について、第1章ならびに各章の扉にて解説しています。その直後から読者の皆さんは、語りの現場に直行することになります。

　第1章では、監修者の名古屋恒彦氏が、「知的障害教育の目標、内容、方法、評価を巡る理論的背景」を解説しました。この内容は、後に続く第2〜6章における語りに関して理論的に補うことを意図しています。ついては、語りの前提として、第1章から読み始めてもよいでしょうし、第2章から読みすすめ、必要に応じて第1章に戻って理論的背景を確認することでもよいでしょう。

　第2章では、「主体的な姿の実現を目指す授業づくりの方針…それを巡る授業者の語り」と題して、授業づくりについての語りをすすめました。知的障害教育では、「主体性」とか「主体的な姿の実現」が重視されています。この理念的な概念を、教育目標や授業目標として具現化していくことを授業者は目指します。しかし、そもそも「主体性」とは何でしょうか。語りは、このような"そもそも"から始まります。

　第3章では、「授業づくりの方法…それを巡る授業者の語り」と題して、単元の構想を具現化する方法やそれを表現する学習指導案、それらを検討する授業研究会について、実践的な観点から具体的な要領を探りました。ここで示された具体的な要領は、すぐにも実践に取り入れることができるものです。是非お試しください。

　第4章では、新規的なトピックであるICTを焦点としました。「授業づくり各論…ICTの針路とそれを巡る授業者の語り」と題して、ICTに関する

日常的な実践における活用状況を踏まえて、授業あるいはそもそもの生活の中でどのように位置づけられ、活用されるのかを突き詰めました。ＩＣＴは、センセーショナルな面よりもナチュラルでリーズナブルな面への着眼が得られそうです。

　第5章では、伝統的なトピックである自立活動を焦点としました。「授業づくり各論…自立活動の針路とそれを巡る授業者の語り」と題して、やはり知的障害教育において独自の展開が求められることに注目し、実生活化を志向する自立活動のありようを求めました。日常の授業づくりを、カリキュラムの設計をも振り返る促進作用も期待されます。

　第6章では、「授業づくりの担い手の胸の内…それを巡る授業者の語り」と題して、授業づくりの魅力を、授業者の語りを起点としつつ、校長や副校長あるいは中堅の教師や新人の教師など、授業づくりに直接または、間接的に関わる多様な立場からの語りを相互に関係づけました。

　第7章では、本書のまとめとして、「『支えがあってこその自立』論から考える教師の支援〜これまでの教育談義をもう一度味わうひとり語り〜」と題して、「自立と社会参加」「主体的な姿の実現」という教育目標とそれを実現しようとする支援方法に関わる理念と実践を縫い合わせます。

　それでは、子ども主体の授業づくりという、餅の湯気と香りを伴う熱々の語りにおつきあいください。

2022年9月　佐々木　全

本書に登場する人々

　本書では、私と大学院生が研究室に教師仲間を招いて語り合います。

　語りの背景を踏まえると語りの内容の理解もしやすくなると思いますので、先だって、大学で知的障害教育を学んでいる〔研究室の住人〕を紹介します。次に、研究室を訪れた教師仲間〔来訪者〕を紹介します。最後に、本書に関わりの深い〔関係機関・団体等〕を紹介します。

　なお、各人の年代や所属等は、本書執筆当時のものです。

〔研究室の住人〕

佐々木　全　（ささき　ぜん）

　40代半ば、岩手大学大学院教育学研究科准教授（研究者教員）。

　県立の特別支援学校、高等学校に勤務したのち、2015年から現職に就きました。岩手大学教育学部附属特別支援学校との共同研究、学生指導に取り組んでいます。また、いわて子ども主体の知的障害教育を学ぶ会にて、現職の先生方と学び合っています。隙あらば、網を手にトンボを追う生活です。

大森　響生　（おおもり　ひびき）

　20代半ば、岩手大学大学院教育学研究科　大学院生（2年次）。

　2019年から岩手大学大学院教育学研究科に進学（第四期生）にて、岩手大学教育学部附属特別支援学校で実習をしながら、知的障害支援学校における「主体的・対話的で深い学び」の実践化のための要領づくりに取り組んでいます。いわて子ども主体の知的障害教育を学ぶ会のメンバーであり、現職の先生方と学び合っています。隙あらば、バイオリンを演奏する生活です。

〔来訪者〕

名古屋　恒彦　（なごや　つねひこ）

　50代半ば、植草学園大学発達教育学部教授、元岩手大学教育学部教授。

　千葉大学教育学部附属養護学校に勤務したのち大学教員に就きました。岩手大学教育学部附属特別支援学校への研究協力に取り組んでいます。また、いわて子ども主体の知的障害教育を学ぶ会にて、現職の先生方と学び合っています。隙あらば、我が家のカメ、ネコ、ウサギ、イモリをかまっていますが、相手にしてもらえない生活です。

　なお、佐々木が特別支援学校勤務中には、校内研究の助言者として指導を受けました。その後は、岩手大学における同僚として勤務しました。

　第1章を執筆、第2〜5章にて来訪。

東　信之　（あずま　のぶゆき）

　60代半ば、岩手大学大学院教育学研究科特命教授（実務家教員）。

　県立の特別支援学校、岩手大学教育学部附属特別支援学校、県教育委員会等に勤務したのち、2016年から現職に就きました。岩手大学教育学部附属特別支援学校との共同研究、学生指導に取り組んでいます。太り気味の愛犬との朝の散歩でスタートする生活です。

　なお、佐々木が特別支援学校勤務中に、校長として在職し、指導を受けました。その後、現職にて同僚として勤務しています。

　第4章と第6章にて来訪。

最上　一郎　（もがみ　いちろう）

　50代半ば、県立の特別支援学校副校長。

　県立の特別支援学校、岩手大学教育学部附属特別支援学校、県立教育センター、県教育委員会に勤務したのち、2019年から現職に就きました。いわて子ども主体の知的障害教育を学ぶ会の会長であり、現職の先生方と学び合っています。隙あらば、ウォーキングを楽しむ生活です。

　なお、佐々木が特別支援学校勤務中に、先輩教師として指導を受けました。その後、いわて子ども主体の知的障害教育を学ぶ会にて指導を受けています。

　第5章と第6章にて来訪。

田淵　健　（たぶち　けん）

　50代半ば、県立の特別支援学校副校長。

　県立の特別支援学校、岩手大学教育学部附属特別支援学校に勤務したのち、2018年から岩手大学大学院教育学研究科への現職派遣（第三期生）にて、各教科等を合わせた指導の授業づくりのための「単元構想シート」の開発を経て、2020年から現職に就きました。いわて子ども主体の知的障害教育を学ぶ会の事務局長であり、現職の先生方と学び合っています。隙あらば、読みもしない本をネットショップでクリックする生活です。

　なお、佐々木が特別支援学校勤務中に、勤務校を越えた協働（木材など資材調達や技術連携）をしました。その後、岩手大学大学院で共に学びました。

　第2～4章にて来訪。

坪谷　有也　(つほや　ゆうや)

　40代半ば、県立の特別支援学校教諭、中学部長。

　2017年から岩手大学大学院教育学研究科への現職派遣（第一期生）にて、授業づくりのための主体性の取り扱いの具体的方法の開発に取り組みました。新設の知的障害特別支援学校の設置準備に尽力し、同校にて現職に就きました。いわて子ども主体の知的障害教育を学ぶ会のメンバーであり、現職の先生方と学び合っています。隙あらば、木工の補助具を開発する生活です。

　なお、佐々木が特別支援学校勤務中に、先輩教師として指導を受けました。

　第5章、第6章にて来訪。

〔関係機関・団体等〕

岩手大学大学院教育学研究科 教職実践専攻

　通称、岩手大学教職大学院。2016年開設以来、1年次院生、2年次院生それぞれ学卒院生8～10名、現職院生8名が在籍し、理論と実践の融合に向かって学びあっています。この中では、「学校マネジメント力開発プログラム」「授業力開発プログラム」「子ども支援力開発プログラム」「特別支援教育力開発プログラム」と称する履修体系があります。

岩手大学教育学部附属特別支援学校

　1974年に小学部と中学部を擁して開校、翌年高等部を開設しました。開校以来知的障害教育の実践と研究の発展並びに教員養成に貢献しています。学校教育目標は、『現在及び将来の社会生活において、主体的に、そして豊かに生きる人を育成する』。東は、教諭として、副校長として2度の勤務をしました。名古屋は第14代校長として勤務しました。最上と田淵は教諭として勤務しました。また、大学生や大学院生の教育実習校でもありますので、田淵や坪谷、大森は、実習生という立場で関わりました。

いわて子ども主体の知的障害教育を学ぶ会

　2009 年に、前進となる研究会が発足。名古屋と、最上、田淵が初期の中心メンバーでした。その後、2012 年に現在の会の名称となり、2016 年から現運営体制となりました。隔月 1 回の定例研究会と、毎年 2 月の公開研究会を開催し、参加者が持ち寄る授業実践を交流しています。

目　次

第 1 章

知的障害教育の目標、内容、方法、評価を巡る理論的背景

■□□□
教育目標は「自立」

● 学校教育法が示す教育目標

　知的障害教育の目標といっても、本質的に他の教育と異なるものではありません。我が国の学校教育は、教育基本法及び学校教育法の下、学校教育全体に共通する目標を明確に示しています。

　知的障害教育でも、その学校教育全体に共通する目標に即して教育を行うことになります。

　そして、学校教育全体に共通する目標を特別支援教育として具体化したものが、学校教育法第72条に示す特別支援学校の目的規定で、以下のように書かれています。

　「特別支援学校は、視覚障害者、聴覚障害者、知的障害者、肢体不自由者又は病弱者（身体虚弱者を含む。以下同じ。）に対して、幼稚園、小学校、中学校又は高等学校に準ずる教育を施すとともに、障害による学習上又は生活上の困難を克服し自立を図るために必要な知識技能を授けることを目的とする。」

　ここから目的規定に関わって、以下の２つが挙げられていることがわかります。

- 通常の学校に準ずる教育を施す
- 障害による学習上又は生活上の困難を克服し自立を図るために必要な知識技能を授ける

　知的障害教育でも、この目的規定に即して教育が行われます。ここから教育目標としては、通常の教育に準ずる教育目標、そして「自立を図る」という教育目標が記されていることがわかります。

　通常の教育に準ずる目標というのは、要するに通常の教育と同じ目標ということです。

　では、通常の教育の目標とは何でしょうか。この点については、学校教育法第21条に「義務教育として行われる普通教育」の目標が10項目にわたって掲

げられています。第21条は、義務教育すなわち、小学校・中学校の教育目標の基盤になっていますが、当然、「義務教育として行われる普通教育」には特別支援学校小学部・中学部の教育も含まれます。

これら10項目の記述は小・中学校での各教科等をイメージさせる内容となっていますが、いずれも社会生活に必要な力を養うという点で共通した内容になっています。第1項に以下の総論的な記述があります。

「一　学校内外における社会的活動を促進し、自主、自律及び協同の精神、規範意識、公正な判断力並びに公共の精神に基づき主体的に社会の形成に参画し、その発展に寄与する態度を養うこと。」

これらの記述から、義務教育として行われる普通教育は、社会での自立を目標としていることがわかります。

とりわけ、「主体的に社会の形成に参画し」とあるように、学校教育で養う様々な力を発揮し、社会の中で、主体的に生きていく姿が浮かび上がってきます。

なお、学校教育法第21条は、「義務教育として行われる普通教育」という限定ですが、幼稚園や高等学校の目標はどのようになっているのでしょうか。

幼稚園の場合、学校教育法第22条の目的規定に「義務教育及びその後の教育の基礎を培うもの」とされ、第23条で幼稚園教育の領域を意識した目標が具体化されています。

高等学校の目標については、学校教育法第51条で「義務教育として行われる普通教育の成果を更に発展拡充させて」とあります。

幼稚園や高等学校も、義務教育として行われる普通教育と同趣旨の方向性を有していると考えられます。

詰まるところ、学校教育は、そもそも幼稚園、小学校、中学校、高等学校、特別支援学校のすべてで、自立を目指しているということができます。

特別支援学校ではこれに加え、障害による学習上又は生活上の困難を克服し自立を図ることが求められているのです。

● 特別支援教育の定義が示す教育目標

文部科学省のホームページに入ると、特別支援教育が次のように定義されていることを知ることができます。

「『特別支援教育』とは、障害のある幼児児童生徒の自立や社会参加に向けた

主体的な取組を支援するという視点に立ち、幼児児童生徒一人ひとりの教育的ニーズを把握し、その持てる力を高め、生活や学習上の困難を改善又は克服するため、適切な指導及び必要な支援を行うものです。」

　ここでも、明確に「自立や社会参加に向けた主体的な取組を支援する」という教育目標が示されています。

● 知的障害教育が目指す「自立」

　「自立」という言葉を国語辞典でひくと、ほとんどの場合、「他者からの助けを受けない」という意味の説明がされています。しかし、他者からの助け（支援）を受けないで生活している人が、はたして存在しているでしょうか。

　私たちは、障害の有無に関わらず、誰もが誰かの支えを過去においても、現在においても、そして未来において受けています。支えが行き届けば、自分の力を発揮し、生き生きと生活することができます。逆に支えが行き届かなければ、力を十分に発揮できず、満たされない生活になってしまうのではないでしょうか。

　支えが行き届いたときに実現する、生き生きとした姿。その姿こそ、本来の自立した姿であると考えます。「支えがあってこその自立」なのです。

　ところで、知的障害教育は、これまで一貫して自立を目指した教育をしてきました。戦後初期において、通常の教育の方法とは別の、生活単元学習等の独自の授業を展開したことも、知的障害のある子どもに適した支援であったと見ることができます。

　一方で、知的障害教育は、1960年代を中心に、教育目標「自立」を辞書的な意味で理解し、いかに人の助けを受けないで生きていくかということに実践の努力を傾注した時期がありました。その結果、子どもは学校でやりがいのある生活を奪われ、主体的に生活することが困難になりました。教師が生活に必要と考える力をひたすら訓練するということもありました。その結果、学校生活は、教師主導で子どもは受け身という生活になってしまいました。

　その事態を反省する過程で、支援が行き届けば、どの子もその子らしく生き生きと活躍できることを、子どもたちから教えられたのです。そして、1970年代以降、子ども主体の生活づくり、子どもが自分から、自分で、めいっぱい取り組む生活づくりに努めるようになりました。

　このような苦い経験を経ているからこそ、知的障害教育は、「支えがあってこその自立」を大切にしているのです。この意味での自立が実現した場合、どの子も、社会の中で、その子らしく生き生きと活動します。自立の本質は、その子なりに、その子らしく主体的に生活していく姿にあると考えています。

　また、このような苦い経験を経ているからこそ、知的障害教育は、自立を抽象的・理念的なレベルだけで理解するのではなく、リアルで生々しい子どもの実生活に即してとらえるのです。子どもが生き生きと活躍する姿をリアルにとらえること。授業を展開する場合、そのリアルの中で、教育目標「自立」を理解します。

　本章の冒頭で、「知的障害教育の目標といっても、本質的に他の教育と異なるものではありません」と述べました。確かにその通りですが、知的障害教育の具体目標としては、以上のように子どもの実生活に即してリアルな自立を目指すという点で、この教育らしい独自性があるということができます。

　教育目標「自立」は、理念レベルではすべての教育に普遍、実践レベルでは、知的障害教育の独自性の中で具体化されている、と見ることができます。

□■□□

自立を実現する教育内容

● 生活に必要な内容

　教育目標「自立」は、子どもの生活の中で実現される目標です。知的障害教育の歴史の中で、かつては「生活の自立」という言い方をしていたこともあります。

　教育は、どの分野でも同じですが、教育目標が定まらなければ教育内容も定まりません。知的障害教育では、生活の自立を実現するために必要な内容を教育内容とします。生活の中で自立するのですから、そこで発揮される力は、生活の文脈の中で発揮される力です。それぞれの生活の中で必要とされる力と言ってよいでしょう。知的障害教育では、そのような生活の中で必要とされる力を教育内容としてとらえてきました。

　知的障害教育で学習指導要領が制定されたのは1963年ですが、その時点から各教科で教育内容を整理してきました。各教科の枠組みで、生活に必要な内容を分析・整理してきたのです。この方針は今日も変わりません。

　ところで、1963年当時、学校教育では教科の系統性が非常に重視され、その結果、各教科の内容は子どもの生活から遊離したものとなりがちでした。したがって、生活に必要な内容で整理された知的障害教育の各教科は、系統性の不足や、「生活に必要な」という視点の偏狭性などを批判されるようになりました。それでも知的障害教育は、生活に必要な内容を指導することを止めませんでした。

　時代は下って今日、通常の教育の教科観も大きく変化しました。生きて働く教科、「生きる力」としての教科が重視されています。この点で、かつて批判された知的障害教育の各教科はその先進性が再認識されています。

● 生活を豊かにする内容

　各教科等で整理された教育内容を、生活に必要な内容として理解し、指導することが求められます。

　なお、知的障害教育では、「生活に必要な」ということで、「お金が使える」「バスに一人で乗れる」「トイレを一人でできる」という実用面にばかり目が行きがちです。かつての知的障害教育でも（ひょっとすると今も）、これらの内容に傾斜して訓練的な学習が繰り返されたことがありました。でも、生活に必要な内容というのは、こういうものばかりでしょうか？　思いっきり遊ぶことや物語に感動することなど、そういうことも生活には必要です。その意味で、「生活に必要な内容」というよりは、「生活を豊かにする内容」として、知的障害教育の各教科等をとらえたほうがよいと考えます。

　いうまでもなく、知的障害教育の教育内容は、特別支援学校学習指導要領に各教科等別に示されています。その内容を、「生活を豊かにする内容」として理解する感性が、教師には求められます。この感性があれば、これらの内容を指導する場合、生活を豊かにすることが大事にされますし、生活を豊かにしない指導は避けられるようになります。

3

□□■□
自立を実現する教育方法

● 教育目標を実現する教育方法

　知的障害教育の現場を初めて訪ねて、まず驚くことは、およそ学校らしからぬ授業の風景ではないでしょうか。各教科等を合わせた指導といわれる日常生活の指導、遊びの指導、生活単元学習、作業学習。これらの授業場面に接するとき、「確かに子どもたちは生き生きとしているということはわかる、でも授業はいつになったら始まるのだろうか?」という声がしばしば聞かれます。思いっきり遊ぶ姿、思いっきり働く姿、それらがまさに授業だということは、説明されても直ちには理解されにくいと思います。

　教育には様々な方法があります。どの方法が最も適切なのかということも、教育目標によって決まってきます。教育目標を最もよく実現する方法が選択されます。

● 生活の自立を実現するには、生活することが大事

　先に述べましたように、知的障害教育において教育目標「自立」は、子どもの実生活の中で実際に実現されることが大事です。であれば、その目標は、生活をしてこそ実現されると考えます。そこで、知的障害教育では、実生活の中での学習という方法を、伝統的に大切にしています。

　『特別支援学校学習指導要領解説 各教科等編（小学部・中学部）』（文部科学省、2018年）では、知的障害のある子どもの学びに関して、「生活の課題に沿った多様な生活経験を通して、日々の生活の質が高まるように指導する」「生活に結びついた具体的な活動を学習活動の中心に据え、実際的な状況下で指導する」ということが記されています。これらの記述も、自立を目指した教育を実生活の中で展開することを大切にしてきた知的障害教育の伝統を反映しています。

　学習を実生活化していくことに最も徹した方法が、各教科等を合わせた指導です。各教科等を合わせた指導では、生活そのものを学習活動として展開し、その中で発揮される力を実際的・総合的に養っていきます。これら生の生活は、前述の生活を豊かにする各教科等の内容を、未分化に豊かに含んでいます。これらの内容を生活の文脈から切り離さず、生きた形で含んでいます。この意味で、従前より各教科等を合わせた指導は本質的には、「各教科等に分けない指導」として理解されてきました。子どもは各教科等に分かちがたい（しかしその内容を豊かに含む）本物の生活の中で、生き生きと生活し、その力を発揮し、生きた力としてその力を、自身のうちに確かにしていきます。

　さらに本質的なことをいえば、各教科等を合わせた指導の生活に生き生きと取り組むこと自体が、教育目標「自立」の実現でもあります。自立とは、まさに生き生きと生活することにあるのですから。

　私たちも、生活に生き生きと取り組んでいくことで、様々な力が育っていくことを実体験として知っています。その力は、単なる力ではなく、生きて発揮される力となっていること、自分を支える大事な力になっていることも実感できます。生活には、それ自体に確かでリアルな力を養う教育力があるのです。

　各教科等を合わせた指導では、このような実生活の中で行われている学びの姿を実現することになります。ですから、各教科等を合わせた指導を行う場合、生活がもつ教育力を信じることが大事です。

　もちろん、教科等別に指導を行うことも有効な指導法です。その場合でも、生活を豊かにする学習であることを決して忘れず、学習活動をなるべく実生活化することが必要です。

● どの子にも「できる状況づくり」を

　では、生活さえしていれば、子どもは力を自然に養えるのでしょうか？　そんな簡単なことなら、長い教育の歴史で、様々な学習法が開発される必要性もなかったでしょう。学校という教育システムが開発される必要もなかったかもしれません。この問いに答えるとすれば、それはノーです。やりがいのない生活、やりたくても取り組めない生活、これらの生活の中では、確かな力の育ちは大きく期待できません。もちろん何かの力はつくかと思いますが、質の高い、その子が本当に必要とする力の習得は難しいのです。

　やりがいのない生活ややりたくても取り組めない生活は、自立した生活とは言えません。これらの生活に不足しているものは何でしょうか。

　それは、適切な支援、です。

　教育目標「自立」を考えたときに述べましたように、真の自立は、支えがあってこそなのです。支えが行き届いた生活であればこそ、子どもは生き生きと自立した姿を示します。質の高い生活には、質の高い学びが伴います。生活の教育で、質の高い学びを実現するには、質の高い生活を実現する支えが不可欠になります。

　知的障害教育では、1970年代、筆者の恩師である小出進先生によって、そのような支えを実現する実践論として、「できる状況づくり」が提唱され、全国に普及しました。

　「できる状況」とは、「精いっぱい取り組める状況と、首尾よく成し遂げられる状況」と定義されます。このできる状況を一人ひとりに適確に用意していくこと、このことができる状況づくりです。できる状況づくりで一人ひとりへの支援の最適化を目指します。

　ここで、「できる状況」を説明する言い方が、2つの部分から構成されていることがポイントです。2つの部分の1つめは、「精いっぱい取り組める状況」、2つめは「首尾よく成し遂げられる状況」、この2つが共に満たされて初めて、「できる状況」がつくられたと考えられるのです。

　つまり、精いっぱい取り組める活動であっても、結果が首尾よく成し遂げられなければ、満足感・成就感には不足が生じます。逆に首尾よく成し遂げられても、精いっぱい力を発揮できる状況がなければ、やはり満足感・成就感に乏しい、印象の薄い活動になってしまうでしょう。精いっぱい取り組める状況と首尾よく成し遂げられる状況があって、初めて主体性を十分に発揮した自立的な生活となるのです。

　教師は、この「できる状況づくり」に努めます。「できる状況づくり」が最適化すれば、子どもは生き生きと活動し、力を発揮し、その過程の中で、実際的・総合的にその力を養っていきます。

　各教科等を合わせて指導する場合も、教科等別に指導する場合も、もっと言えば、教育ならどの教育でも、「できる状況づくり」を大切にしていかなければなりません。

□□□■

教育目標の達成状況を 評価する

● 学習評価が注目される背景

近年、知的障害教育でも学習評価に注目が集まっています。

もとより、知的障害教育でも学習評価はこれまでも大切にされてきました。各教科等を合わせた指導のような独自の指導法が認められてきたのも、その方法をとったことによる教育の確かな成果が評価されてきたからです。

その上で、近年いっそう知的障害教育での学習評価が注目される背景には、大きく以下の2つがあげられます。

1つは、『特別支援学校教育要領・学習指導要領解説総則編（幼稚部・小学部・中学部）』（文部科学省、2018年）に、「各教科等を合わせて授業を行う際には、（中略）各教科等の目標及び内容に照らした学習評価が不可欠である。」と示されたことです。

もう1つは、2019年1月に中央教育審議会初等中等教育分科会教育課程部会から出された「児童生徒の学習評価の在り方について（報告）」で、新たな観点別評価を、「知識・技能」「思考・判断・表現」「主体的に学習に取り組む態度」の3観点で行うとしたことです。インクルーシブ教育システム構築の必要性が認識される中、知的障害教育においても通常の教育と同じように、観点別評価が求められています。

知的障害教育においては、これらの動向を受け止め、教育の質的向上がますます求められています。もちろんこの向上は、これまでの実践のさらなる充実・発展の方向を指し示すものでなければなりません。

● 教育目標の達成を評価

各教科等の目標及び内容に照らした学習評価であっても、観点別評価であっても、これらは学習評価の方法論であることに違いありません。

　学習評価の本質は、教育目標がその学習を通して達成されているかということであり、これらの方法を用いて評価することで、その達成状況がより豊かに確認できるということが求められます。評価のための評価であってはいけないですし、評価をすることで本来の教育目標がぼやけたり、ずれたりしてもいけません。

　特に各教科等を合わせた指導では、子どもたちが生き生きと活躍するという姿（リアルな自立像）の実現が求められます。この実現の過程に、各教科等の目標の達成とその具体化である内容の習得が伴います。各教科等の目標及び内容に照らした学習評価を行う場合、各教科等を合わせた指導の本来の目標（というより知的障害教育の目標）である自立の実現の文脈で、各教科等の目標の実現も理解されることになります。

　観点別に評価を行うことも、授業本来の目標の達成状況を観点別に評価することで、その達成状況をより豊かに理解していくことが求められています。観点別評価自体が自己目的化し、授業本来の目標がぼやけたり、ずれたりしてはいけません。

● 子どもの生き生きとした姿の充実を目指す

　学習評価は、それをしておしまい、ではダメです。学習評価は学習の改善を導くものでなければなりません。ということは、学習評価を重ねることで、学習がいっそうより良いものになっていかなければならないのです。知的障害教育で、各教科等の目標及び内容に照らした学習評価や観点別評価を重ねた結果、学校で、子どもの生き生きとした姿がますます豊かになっていくという、リアルなアウトプットが求められます。

（名古屋　恒彦）

━━━━ 第 **2** 章 ━━━━

主体的な姿の実現を目指す
授業づくりの方針、
それを巡る授業者の語り

（来訪者紹介）

 田淵 健
（特別支援学校副校長）

 名古屋 恒彦
（植草学園大学
発達教育学部教授）

 大森 響生

 佐々木 全

岩手大学の**私**が「住む」研究室──。

大森が座席を整えています。そのむこうの窓枠には、輝かしいばかりの葉を茂らせた銀杏の大木。

田淵がノック。「いや〜、教職大学院を修了して数ヶ月ですが、もはや昔のことのようです。懐かしいな〜」と室内を見回しました。田淵は、教職大学院の第3期生。第4期生である大森とも一緒に学び合いました。加えて、名古屋や私との道連れ旅行として、研究発表や学校公開研究会への参加で北海道、山形、東京などに出向きました。その移動中にも、授業づくりの裏話が尽きませんでした。

少し間をおき、**名古屋**が到着。名古屋は教職大学院の非常勤講師として、「特別支援教育におけるキャリア教育」の講義を担当しています。なじみのメンバーが席に着き、なじみの居酒屋に集まったかのような安心感をもって、私は口火を切りました。

真に子ども自らがなす子ども主体の活動を実現するには，理念レベルの子ども主体だけでなく，より子どもの活動に結びつく具体的な子ども主体の姿が必要になる。その意味で『自分から 自分で めいっぱい』という言い方であれば，子どもの具体的な姿がイメージできる。[1]

　知的障害教育においては、「主体的な姿」の実現が第一義的に目指されます。それは「資質・能力の育成」を目指す近年の教育界にあっても、根本的に重要視されるものです。

　そもそも「主体的な姿」でいうところの主体性とは何でしょうか。また、主体性という抽象的な概念をどのようにして学校教育という具体的な場面において取り扱うのでしょうか。

　この問いを巡る私たちの対話は、以下の考えを背景として始まります。

- 主体性は、学校教育目標に即して具体化され、授業という文脈の中で具体化され、個別的に評価される。[2]
- 主体性は、一般的で固定的な内容や表記でもって定義されるというよりは、個別的で具体的な内容や表記でもって説明される。[3]
- 主体性は、「～をしている姿に、いかなる主体性を見出すのか」という教師の見取りをまっている。[3]

> **お断り**　本章は、実際の語りの内容を基に再構成したものです。一部の具体的なエピソードについては、個人や団体が特定されないように改編または表記しました。

■□□□
主体性にまつわる「何？」と「どう？」

● 自分が主体的だと感じるとき

佐々木　大森さん、教職大学院での生活は、主体的ですか？　どんなときに自分が主体的だと感じますか？

大森　自分で何か目標を持って、それに向かって何か考えて取り組む。それで、成果を出すっていうときですかね。

佐々木　例えば？

大森　例えば…授業の講義を受けてレポートを書くときとか。

佐々木　それ本当？（笑）

大森　そう言われるとすごいドキッとしますね。（笑）

佐々木　田淵さんは、新しい職場で主体的に生活できていますか？

田淵　う〜ん、不慣れな職場で戸惑うことは多いのですが、主体的に生きているような気がします。自分なりのテーマみたいなものが常に頭の中にありますし、それが職務として外から求められることだったり、対応が大変だったりすることもありますけど、そのために自分のできることは、心を込めてやろうと思っています。そうすることで、自分の描いた人生を自分なりに生きているという実感。そういうのを得ようとしながら、生活する感じがしますね。

佐々木　それが子どもに転じると、「ねがい」、「教育目標」になるわけですね。

田淵　なので、子どもたちもそうであってほしいなという気がしますね。「あなたの人生を今、生きてほしい」みたいな感じですね。

佐々木　そういう実感が伴って、子どもたちの目標として「主体的な姿」というのが掲げられるというのは、形式的な教育目標ではなく、実のあることになっていくのでしょうね。「主体的な姿」っていうキーワードが先にあって、自分の実感がないまま、授業づくりが進むとか、あるいは自分の実感と離れたところで、理念的な次元で進んでいくみたいな、そういうことがあると、

非常に形式ばったものとして、浅く終わってしまうような気がしますね。なので、この「主体的な姿」っていうことを、実感を持って伝えていくということが私は大事だろうと思います。

● 子どもたちが主体的な姿に見えるとき

佐々木　では、子どもたちが主体的な姿に見えるとき、その姿は具体的にどんな姿でしょうか？

田淵　最近の作業学習のときのことです。近くにおそば屋さんがあって、そこが、高等部の陶芸班のお皿を見て、それをお店で使いたいと注文してくださったんですよ。それまでの陶芸班というのは、なんとなく漫然とした感じで作業をしていたのですが、劇的に変わりました。あそこのおそば屋さんから注文が入って、というリアルさ。生な感じというのを子どもたちは敏感に感じたようです。活動の目標やテーマに向かっていくと、やっぱり子どもたちは、張り切り、そして丁寧に仕事をしますね。出来映えや完成の品数を気にする様子がでてくる。こういうのが主体的な姿なんだよ、と思いました。

佐々木　大森さんはどうですか？今、教職大学院での実践研究で、子どもたちの主体的な姿を書き起こす取り組みを一生懸命やっていますね。

大森　はい。その中でのこと、附属特別支援学校で参加させていただいた授業でのことです。枝豆の袋詰めの作業工程をやってる生徒のことです。彼は、シーラーというビニール袋の口を閉じる機械にすごい興味があって、その仕事を次々と取り組んでいたんですね。計量した枝豆の入ったザルが5個くらいあるんですけど、それがなくなったときに、前の工程である計量を担当する生徒のところに行って、計量し終えたザルを自分で持ってきて、ガチャンとシーラーをかけたっていう姿がありました。その場面を見て、今までは、計量された枝豆を運ぶっていうのは、教師の役割だったんですけれども、生徒が自分で手を伸ばして、「僕はこの仕事をやりたいんだ、どんどん袋に詰めたいんだ」っていう意思があって、これ主体的だなと感じましたね。

佐々木　「自分から　自分で　めいっぱい」っていうキャッチフレーズが、個別的・具体的に語られると、今のエピソードみたいになるのかなと思いました。一般的に、この主体的な姿っていうことを授業者が語るときに、表現が随分できるようになってきた、表現が豊かになってきたような気がするんで

す。昔、主体的な姿って言ったら、もっとぽやっとした記述でしか語られなかったような気がするんです。昔、少し前の表現の仕方と、今の表現の仕方、主体性を語るときに、私たちはうまく語ることができるような、そういう表現方法をこれまで学んできたような気がするんです。

名古屋　そうですね。昔と今っていうことで言うと、1つの学校の中でそういう議論が始まって、現在に至っていく中で言葉ができあがっていくということはあるなと思います。授業研究、学習評価など「伝える」っていうことが求められていく中で、言葉がつくられてきたのでしょう。

大森　それからやっぱり、学習指導要領等でも「主体的に」という言葉が出てきましたからね。それが何を意味するのか、具体的には何かという議論は盛んですね。それと、どう見取って、どう表現するかということですね。教職大学院一期生の坪谷有也先生がその議論を整理してくださったので、私たちもそれを辿っています。[2) 3)]

名古屋　たしかに学習指導要領によって、問いかけられたことに対して、真剣に考えていくという営みの結果でもあったでしょうね。そのような「主体的って何なんだ?」という議論の中では、単なるきれいな言葉を並べ連ねても成り立たないことがたくさんありましたから、そういう中で言葉が練り上げられてきている。

● 主体性を言葉にするとき

佐々木　「自分から　自分で　めいっぱい」という言い方や、「できる状況」を説明する「首尾よく存分に」というキャッチフレーズ、それ自体で腑に落ちるという方であれば、「主体性って何なんだ?」という問いの向こうにいけるのでしょうけれどね。向こうというのは、キャッチフレーズの具体化ということ、日常の子どもたちの姿をどう見取りどう表現するかということです。

田淵　附属特別支援学校のように長くこの課題に取り組んでいる学校が、主体的な姿をどう見取り、どう表現するかということに貢献してきた面もあるでしょうか。

名古屋　うん、昔と今という時系列の中で整理できる変化であると同時に、経験値の積み上げによる面もありそうですね。学校としての経験知、先生方個人の経験知ということもありそうです。

佐々木　経験知の寡多は人それぞれ、学校それぞれですが、両者の交流によって「伝える」という必要が生じる。

名古屋　そうですね。2 つの軸がうまく輻輳して今に至っているような気がしますね。ですから、経験知の兼ね合い等でうまく説明ができないということがあったとしても、時代の流れの中で練り上げられた表現が、共通言語化されて補われていくのかなと思います。

佐々木　私も含め、これまでの先生方は「なんて言ったらいいのか、どう表現したらいいのか」っていう、そういうことをそれなりに悩まれ、その中で言葉を求めてきた。しかし、その答え、言語化の術を 1 つ持った人が学校に入っていくっていうことになります。つまり、大森さんのような人が新しく教師になっていくというのは、これから貴重なんだと思います。「ああ、なるほど、大森さん、そういう表現するんだ、それを真似ればいいんだな」ということが起こるかもしれない。

田淵　でも、思った以上に「主体的っていうキーワードが浸透してるな」とも思いますよ。特に岩手大学で名古屋先生のご指導を受けた方でしょうか。普通に、指導案の中にも主体的というキーワードを盛り込むし、説明もします。あとは附属特別支援学校での勤務を経験された先生とかは、「～させる」という使役表現を使わないとする感覚も鋭い。「やっぱり自分からという姿を大事にしたいよね」という感覚ですね。附属特別支援学校で発信した研究主題などは、各学校の研究担当者が目にとめているようです。うちの学校も校内研究で、シンプルに主体的な姿を目指す授業づくりのようなことを掲げています。そうすると必然的に「じゃあ主体的ってなんなの？」という議論をみんなで考える時間がでてきます。

名古屋　附属特別支援学校の発信の意義を感じますね。

主体性と「育成を目指す資質・能力」

● 自立と主体性

佐々木　この主体的な姿っていうのを附属特別支援学校では、学校教育目標として位置づけてますけど、そもそも、「主体的な姿」は教育目標として、特に知的障害教育では大切にされていますね。

名古屋　日本の知的障害教育では、自立ということを目指す中で、その本質的な側面である主体性というところに視点が移行していきました。学校教育においては、主体性を重視した授業づくりを脈々と続けようとする努力があったと思います。

佐々木　その過程では、自立を自力のみで生きることという解釈にのっとった訓練的で受身的な授業に傾倒した時期もあったそうですね。

名古屋　いわゆる「水増し教育」や「教育的意地悪」のようなことですね。そこへの傾倒という危うさは、実はこの教育をしている限り、私も含めて、誰もが持っていることですね。そういう危うさと闘いながら今があるのかなという気がしています。

大森　バランス感覚ですね。

佐々木　できる状況づくりということと、育成を目指す資質・能力の関係を考えたとき、知識技能の習得を先に考えるのか、主体性を発揮している姿、すなわち「主体的な姿」の実現を先に考えるのか、その考え方の選択、あるいはバランス感覚ということでしょうか。いずれ分岐点がありそうですね。

田淵　私が教職大学院に在籍していたときに、取り組んだインタビュー調査でも、そのバランス感覚に関する葛藤が、先生方の「教育観の揺らぎ」として確認されました。[4]

大森　やっぱり、僕も一番疑問に思ってるのが、主体的な姿の実現という教育目標と資質・能力の関係ってどういうものなんだろうって。ちょっとそこがまだ分からなくて…。

田淵　資質・能力の育成は、それ自体が目標だと思います。学校はやはり教育
　をして資質・能力が育まれる。だけども、その大前提として、資質・能力の
　育成は、「主体的な姿」が実現されてこそじゃないかなという感覚があります。
　だから概念的に言うと、「主体的な姿」はもっと上位の概念ではないかと理
　解しています。

佐々木　これは附属特別支援学校が提示している構造ですね。学校教育目標と
　して「主体的な姿」を挙げている。それを授業においては、その授業におい
　て個別具体化された「主体的な姿」を評価する。その次に、「知識・技能」「思
　考・判断・表現」「主体的に学習に取り組む態度」をもって分析的に観点別
　評価をしていますね。[5]（**図1**）

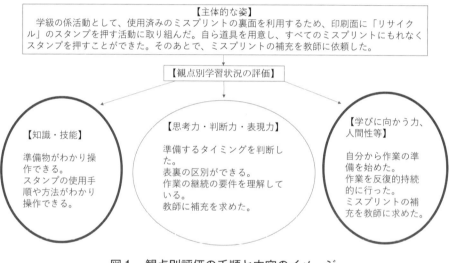

図1　観点別評価の手順と内容のイメージ

田淵　附属特別支援学校のみならず、うちの学校の教育目標「一人一人が光り
　輝き、心豊かにたくましく生きる人間を育てる」を見たときに、主体的って
　いう語句自体が掲げられてないんだけども、これは主体的な姿のことを言っ
　ていると思うんですね。そういう理解で校内研究を進めていますので、本校
　の教育目標は「主体的な姿」を目指すことになっている。「それはこういう
　具体的な姿だ」と見取り、その中で資質・能力の育成を見取っていこうとい
　う、評価の手順で進められています。附属特別支援学校と、同じようなイメー
　ジを描いているような気はします。

名古屋　学校教育目標の扱い方で学校の授業づくりは変わってくると思いますね。

● 主体性が先か、知識・技能が先か

佐々木　主体的な姿が実現できた、その中から育成を目指す資質・能力を見取るということについて、それは時系列を表しているのでしょうか？つまり、「主体性が先か、知識・技能が先か」ということですが。

田淵　う～ん、難しいですね。「小中学校で勉強するのは嫌でした」と言って高等部に入ってきた子どもたちが、小中学校で学んだ教科学習の力を発揮して活躍する姿を見ることもあるんですね。

佐々木　それは知識・技能が先で、主体的な姿が後というエピソードですね。

田淵　でも、小中学校の頃に、「教科学習も必要なんだ」「嫌なことでも取り組む力が必要です」なんて言われながら使役的に取り組んできたならば、主体的な姿とは言いにくいかも知れません。でも、そうではなく苦手なことや困難が多い状況にあっても、意欲的に取り組めるような手立てによって、主体的に取り組んできた結果だったのかもしれません。

佐々木　なるほど。自分で問いかけておきながら、これは時系列じゃないなと思いはじめました。（笑）持てる知識・技能を発揮している今には、その根底に「持てる力を発揮したい」とか、「ここで知識・技能を生かそう」と思ってる。そういう主体的な気持ちがやっぱりあるわけですね。そういうことが大事なのだと気づきました。

● 手を伸ばすその先

田淵　主体的な姿を発揮しながら力を伸ばしていくっていうことですね。でも、そうは言いながらも、「知識・技能がないと発揮するものがないでしょう。だから知識・技能が先にないといけない」とか「知識・技能があってこそ、それを使って主体的になれる」との意見が聞かれることがありますよね。

佐々木　そのロジック自体どうなんでしょうか。必ずしも正しいとは思えません。例えば、赤ちゃんは興味があるからこそ手を伸ばす。手が触れたら、それが揺れる。触れると揺れるという因果を経験し、それに興味がわき起こって繰り返す。その中で、思いどおりに揺らせるようになる。完全に主体性が先で知識・技能が後と考えられます。人間の発達の根源を見れば、湧きあがる主体性が先という主張もできます。

名古屋　なるほどと思いました。時系列と言うよりも、結局、フェイズが違う
ところがあるんじゃないかと思うんですね。主体性と、知識・技能は同じ土
俵にあるわけではないということです。主体性というのは、教育目標、自立
のポイントということで、やっぱり普遍的な、根源的なものであって、その
獲得と、知識・技能の獲得っていうのは、別のフェイズにある。主体性は、
人としての原動力の部分みたいなことですね。それが知識・技能をひっくる
めた資質・能力を貫いているということです。

大森　それでは、全てを貫く「主体的な姿」と、観点別評価における「学びへ
向かう力、人間性等」における「主体的に学習に取り組む態度」ということ
の関係はいかがでしょうか。

名古屋　下位項目としての具体的な狭い主体性ですね。それがおそらく学習内
容として見えてくるので、知識・技能を学びながら相互に主体性も養ってい
く。だから知識・技能を学んでいくことで主体的に養われていくものもある
し、それとは別の経路で学ばれていくものもあるんじゃないかなと。だから
理念的なレベルで貫いている広い意味での主体性と、具体論として学習場面
で語られる主体性があるんじゃないかと思います。

□□■□

3 訓練か、支援か

● なぜ選んだ？

佐々木 主体的な姿の実現を目指して、具体的にどのような観点で授業を作っていったらいいでしょうか。先ほど話題としたような「知識・技能があってこそ、それを使って主体的になれる」という主張に基づいて訓練的な授業づくりをする先生方もいると思います。それでもって、成果を上げることも現実的にはあるわけです。一方で、私たちは力をつけるための訓練的な授業づくりということをしない、選ばないという意思決定をしているはずなんですね。

大森 はい。生活を豊かにする、あるいは自立的に活動するっていうことを目指した支援的な内容を選択しています。

佐々木 なぜ私たちはその選択をするのでしょうか。大森さんはもしかして、「知的障害教育は訓練的な内容よりも、支援的な内容で授業をするんだよ」っていうことを教育学部の学生だったころから、つまり最初から学んでいる人ですね。そこを疑問に思ったことはないですか？

大森 疑問に思ったこともありましたが、知的障害の子どもたちの学習上の特性として「習得した知識・技能が断片的になりやすく、実際の生活場面の中で生かすことが難しい」とか、「成功体験が少ないことで、主体的に取り組む意欲が十分に育っていない」ところがあるので、各教科等を合わせた指導をやっているんだという話を聞いて、「ああ、なるほどな」って納得しました。やっぱり訓練的なものだと、何回も失敗して、失敗して、それでも諦めずに頑張っていくみたいなことがあるけど、その失敗する過程を積み重ねてしまうことで、そもそも自己肯定感が低下してしまう面もありますし、そうやって苦労して身につけたものだとしても活用に至らない、生活に生かすということに至らないこともあるでしょうしね。

● なぜ選び直した？

佐々木　田淵先生は、訓練的な内容で教師生活をスタートして、途中から支援的な対応ということを選び直したっていうお話を聞いたことがあるんですが、いかがですか。

田淵　そうですね。右も左もわからないままに学校に勤めたときに、障害がある人には訓練が必要なんだという先入観みたいなものはどこかにありました。同じことを繰り返し、教師がさせるという訓練で、力が身につくんだということを、どこかで信じてた部分もあったと思います。

佐々木　そこから支援的対応へと選び直しが生じたのはなぜでしょうか。

田淵　私の中ではシンプルな理由としては、人道的に、というか、心が痛むというか。それはなぜかっていうと、この子たちは、訓練を望んでいるわけでなく、「この訓練に何の意味があるのか」という理解の上で取り組まれている訓練ではない、ということですね。闇雲に、上から、ただただされられている。「これが一体、僕たち、私たちの将来の何のために、なんでこんな辛い思いをしなきゃいけないのか」っていう子どもたちの状況に心が痛みました。

大森　志願して、厳しい訓練をしたいって言ってるのとは、違うということですね。

田淵　そうです。あと、自分が数学とかの時間ですね、繰り返し何度も数を数えさせる、そういったことを訓練的に指導するっていうことに成果がついてこない、成果が得られなかったというのにぶつかったっていうのもありますね。やっぱり訓練的な指導というのは、なんか違うんじゃないかなっていうことですね。誰かに言われたっていうのを、実感として何か感じていました。

佐々木　先の大森さんの指摘と共通したことに、訓練による成果の得られにくさというところが共通していました。加えて、田淵先生のお話の中には主体性ということが前提にあって、訓練的な対応の中で本人の主体性ということが十分に守られてないというところ、本質的なところでの選択ではないということ、との考えがありました。名古屋先生は、おそらく大森さんと同じく、最初から支援的な対応を学んだのだと思いますが、いかがでしょうか。

名古屋　そうですね。私が勤めた学校では訓練的な対応を否定する立場でした。私自身もそういうことを若い頃は言ったし、書いたんですけど、今は、訓練

や指導そのものが否定されるという理解ではありません。主体性というもの
を排除していく方向での指導こそが否定されるということですよね。つまり、
「させられる活動」として、自己有用感を得られないような中での学習が積
み重ねられるとやっぱり、せっかく身についたことを発揮する主体性も萎え
てしまいます。これは訓練という方法論に主体性、自らの意思をきちんと載
せていこうとする立場の先生方があらわれ、今後努力されていくのでしょう。

● 子どもたちの「ノー」

田淵　かつて、私が経験した学校教育における訓練的な対応には、質的な問題
があったことも確かですね。でもそこで、子どもたちの何を大切にすべきか
に気がつけたように思います。

名古屋　わが国のかつての知的障害教育では、訓練的対応の質の問題はかなり
顕在化して、子どもたち自身がそれに「ノー」を突きつけてくるような現実
があった。そのことに、ご自身で気づかれた田淵先生は、私みたいに一方だ
けを学んできた人間とは違う強みがありますね。結局、支援的対応と訓練的
対応の違いは、優劣の違いというよりは、方法論の違いだと思います。です
から、どっちが良い悪いという話をするんじゃなくて、きちんと訓練して、
その訓練には主体性、自らの意思が載ってるという、一番いい形での訓練で
すよね。それをしていきながら、実際に生かせるようにしていくために、ど
うしていくかっていうことのアプローチの仕方を考える必要があります。も
ちろん、支援的対応においても、生き生きと、実際の生活の中で学びながら、
支援的な状況の中で力を培っていくことを考えていかなくてはいけません。

佐々木　なるほど。その上で、私たちは、教育の理念と方法を選び取り、そし
て、選び取ったことを説明できないといけませんね。

4

□□□■

テーマのある
学校生活づくり

● テーマにむかうことは、自己実現にむかうこと

佐々木 授業において、主体的な姿を実現していく上では、テーマが大事ですね。テーマのある学校生活づくりは教師の命題ですね。逆に、私たち自身が子どもという立場であった頃にはどのようにそれを体験されたでしょうか。

田淵 部活動でしょうね。部活のことしか覚えてないので。そこにはやっぱり、テーマというか、もう、みんなで向かっていく何かがあって、それに夢中になってたというのはありましたね。

佐々木 夢中になるっていうことで、どんな主体的な姿がご自分の中にありましたか？

田淵 部活動って、やってることは訓練なんだと思うんだけど、やれって言われる訓練じゃなく、自ら飛び込んでいくみたいなこと。それは、訓練という見た目なんだけれど、自らがテーマに、目標に向かう姿そのものだったと思います。

佐々木 テーマの何が私たちを、そして子どもたちの姿を変えてるんでしょうかね？

田淵 うちの学校でのことです。障害が重いと言われている生徒さんについて、担任の先生方がこんなことを言っていました。5月頃、非常に気持ちが落ち込んでいて、元気がない。気持ちが不安定だったそうです。それは新型コロナウイルスの感染症対策によって運動会がなかったからなのだそうです。この秋、学校祭もどうなるのかわからない状況にあって、また元気がない。そういうことをね、言葉のない生徒さんなんですけど、敏感に感じているようでした。

佐々木 それは、裏を返せばってことですね？

田淵 そうなんです。その生徒さんは、過去の経験から、みんなで何かを成し遂げるという喜びとか、自分の力を発揮できるという期待感とか、そういう

のをテーマの中に見ているんですね。あとは、他の生徒たちだって、おそば屋さんに作業学習で作った皿を納品するという例でも、確実に自分たちの仕事を喜んでくれる人がいるとか、誰かのためにがんばろう、みたいな。そういったところに、やりがいとか生きがいとかを見いだす人も多い。そのなかで、持てる力を精一杯発揮しようという姿になる。

佐々木　自己実現の欲求とでも言ったらいいでしょうかね。それが、生きることそのものであるようにも感じます。

田淵　そうですね。みんな、やっぱりなんかどこかで自分なりの手応えを感じたいって、みんな思ってて、ここなら自分の力を発揮できるっていうところを、やっぱりちゃんと察知するのかもしれませんね。

● テーマへの導入

佐々木　それでは、テーマのある学校生活づくりを目指していくとき、どうすればテーマが浸透するか。テーマのある学校生活づくりになっていくか。そのあたりのノウハウみたいなことについて、いかがでしょうか。まずは、テーマそのものの力もありますよね。先の例で言うと、そば屋に皿を納品するぞ、というテーマの強さ。その意味でテーマの設定ということが第一でしょうか。

田淵　自分が失敗した授業の経験から言えば、子どもたちにとって嘘くさいテーマは響かないですね。テーマは、本当に今、共に過ごしているこの子たちが、「これはやるに値する」「これは必要だ」「これに取り組みたい」というテーマ。子どもたちにとっての、必然性とか必要性がありそうなところが最も大事ではないかという気がしますね。

佐々木　そのテーマ自体の魅力を探求していくっていうことでもあるんですけど、ちょっとこのテーマ良さそうかなと思って走り始めたら、イマイチ盛り上がらない。でも、後戻りできないから、それでね、なんとかやっていくっていうことにも、そういう現実もあると思うんです。それをイマイチじゃなくするとか、テーマを積極的に子どもたちがのめり込めるようにしていく、そういうことでの技術的な工夫としてはいかがですかね？

大森　やっぱり初回の単元の導入に当たる授業が大切だと思います。なんでこの単元をやるのか。作業学習であれば、「来月学校祭があって、そこで販売をするから、注文販売するから、そのために作るんです」っていうこととか。

佐々木　なるほど。導入でテーマの魅力についてアピールすることですね。

大森　あと、附属特別支援学校の小学部の学級では、ついこの間まで教室の周りがTシャツだらけになってたんですね。それはTシャツを作ってプレゼントしようっていう単元の取り組みで、それを廊下の天井とか教室の壁とかに貼って、そういったもので子どもたちが、今はこの単元、テーマに向かっているんだという意識ができるような支援だったのかなと思います。

佐々木　ありますね。テーマ一色の生活になるような、シンボルとかアイコンとかを用いるような工夫ですね。

● テーマと手応え

田淵　子どもたち一人ひとりが、まさに今やること、具体的な活動に手応えが感じられるように活動を整えることもありますね。今日の手応えを基にして、「よし、明日も僕はこれをやるぞ」っていうことが、積み重なるように。今は、大きなテーマはまだ見えてない子どもであっても、最終的に、「あ、こういうことだったね」「やれてよかった」とつながっていく、みたいなことはやってきたように思います。

佐々木　まず、手応えを保障して、その先にビジョンが共有するっていうことですね。

田淵　具体例ですが、附属特

写真1　新聞記事【盛岡タイムス】（平成21年6月19日）

力を合わせてリニューアル

「ミニショップなかま」

岩手大学附属特別支援学校

山小屋風たたずまいに

盛岡市東安庭の岩手大学教育学部附属特別支援学校（我妻則明校長、児童生徒85人）の中学部の生徒17人が、グレードアップを目指して再整備した「ミニショップなかま」が完成し21日、完成式が開かれた。店舗作りを指導、支援した建築業者や造園業者の関係者らと一緒に完成を祝い、感謝の気持ちを伝えた。

ミニショップなかまは、生徒たちが作業学習で製作するせっけんや鉢カバー、食材などを販売する店舗。県内代で商品を準備し販売する建築業者や造園などの小企業家同友会に加盟する業者も協力し、道路に面した校地内に6月に完成した。

生徒たちは毎朝、交代で商品を準備し販売に励んでいるが、さらに店舗周辺の未完成だった部分をグレードアップしようと今月5日から再整備に着手。4つのグループに分かれて、店舗周辺の丸太風ユニットを取り付ける作業に取り組んできた。

店舗前で開かれた完成式には、約50人が出席。生徒の代表が作業を支援した業者の関係者らに感謝状を贈呈し、一生懸命、商品の製作や販売に取り組むことを誓った。八重樫大輝君（2年）の祖母のなよ子さん（65）は工芸用粘土で装飾した手作りの看板を生徒たちにプレゼント。「一人一人のために何かできたらと思った」。店舗を採ったことにも伝えたいと願っていた。再整備された店舗は丸太風のユニットで覆

建築面積は約8平方メートル。建築面積は約8平方メートル。生徒会長の木村克英君（3年）は「ユニットを撮るのに10分間も押さえているのが大変だった。やっとできた」と満足そう。渡辺克章君（3年）は「完成してうれしい。いっぱい売りたいと思います」と張り切っていた。

は「ドライバーが持てないと言われていた子も自分から何度も挑戦し、できるようになった。素直に粘り強く取り入れせっけん（100円）、鉢カバーと観葉植物のセット（300円）、大豆200本（円）などを販売している。ミニショップなかまは月曜日から金曜日まで。り組む姿勢に、こちらのほうが勉強になった」と喜んでいた。

グレードアップした「ミニショップなかま」の完成を祝う岩手大教育学部附属特別支援学校の生徒たち

写真2　新聞記事【盛岡タイムス】（平成21年10月22日）

　別支援学校の敷地にある製品の直売をする小さな建物があるじゃないですか。（写真1、2）

大森　田淵先生が附属特別支援学校にいらしたときの取り組みですね。

田淵　その取り組みで「お店を建てよう」と言いながら、実際に建物工事をしている子どもたちは、活動の見通しや実感をもって取り組みやすいと思うのですが、アプローチ部分に埋め込むための「木レンガ」（木をレンガのように加工するもの）を担当している子どもたちや、周囲の道路をきれいにするっ

ていう仕事を担当している子どもたちはピンと来なかったんですね。「木レンガをどんどん作っていくって、何になるんだろう？」とか、ややもすると「仕方なくこれ作らされてます」みたいな思いを抱いてしまうのではないかという心配も出ます。「完成のイメージはこうなるんだよ」って視覚的な手掛かりをもって伝えるんだけども、まずは、その目の前の活動自体に手応えや面白さを感じられるようにして、どんどん作りたいって思えるようになってほしいなとか、どんどん作れる量が増えていくみたいな、ことを願っていました。そこから、少しずつでも自分が取り組んでいる活動がテーマにつながっているとの実感が得られればいいなって思っていました。

名古屋　そのテーマに沿った必然的な活動で仕組んでいくということと、やっぱりその活動が、子どもたちができる活動になってないとならないでしょう。十分に作る時間がなかったり、やらす・やらされる、やれなくても先生がほとんどやっちゃったりすると、子どもたちにとっての存分な活動にならない。逆にできる状況があることで、できることに対する面白さみたいなのがテーマの面白さと相まって、ますますエンジンがかかっていくようなところがあるんじゃないですかね。

● 学校生活のデザイン

佐々木　手応えを見いだせたなら、もう1回似たような活動をやってみる、あるいは繰り返していけば、テーマ意識も持ちやすく、分かり合いやすくなったりするのかなと思います。そんなことを願いながら、年間計画において単元を繰り返したり、似たようなことを別なシチュエーションでやったりとか、テーマを味わうための工夫ができるかなと思いますね。

田淵　そうですね。そういうことは考えますよね。

佐々木　具体的な活動のプランとして、日課を整えたり、各教科等を合わせた指導と他の教科等とを関連づけたり、そういう具体的な学校生活のデザインと言うことにも関係するんだと思いますね。そういう実践例はいかがでしょうか？

大森　教科別の指導との関連、教科等横断的な考えとも言えるでしょうか。ある学校での実践例をうかがいました。作業学習でヒモを2本で1束にするという作業工程に取り組んでいたそうなのですが、「これ、2本あるけど、こ

れが１つなんだよ」という数的な概念の学習を含んでいました。それと同時期に数学の教科別の指導をやって、そのときにちょうど５本で１つとか、１円玉10枚で10円という概念を教科別の数学に関連づけてやったという話を聞きました。

佐々木　このようなことは、各教科等を合わせた指導に含まれる各教科等の内容を授業構想段階で確認するためのツールとして、田淵先生が作られた「単元構想シート」*で意図されたことですね。そして、これは附属特別支援学校の校内研究会でも大いに話題とされています。例えば、作業学習に関わる各教科等の内容として、例えば、数学における、数の概念、長さや量の理解が含まれているなどということが具体的に確認されます。だったら、それを数学の時間でも、他教科でも関連づけて取り組んだらどうか、という話なのです。これは単に知識・技能を強化するということではなく、むしろテーマ意識を強化していくこととして理解されなくてはいけませんね。作業学習の単元がその時期の学校生活のテーマとなり、そこに各教科等が関連づけられることで、テーマ一色の学校生活になりやすいわけです。

田淵　各教科等を合わせた指導において含まれている各教科等の内容を、教科別指導において取り組むということはいいけれど、各教科等の内容を寄せ集めて各教科等を合わせた指導を計画するというのは良くないと思っています。

佐々木　そうなんです。「単元構想シート」の使い方として「逆は駄目」ってことですよね。そのような話も、附属特別支援学校の研究会で出ていました。

田淵　以前、生活単元学習で切り干し大根を作っていたときのことでした。その学校では、時間割として、生活単元学習と国語と数学っていう時間が１日の中であったんですけど、ずっと切り干し大根を作っている。一緒に働いてる先生の中には、「ん？いつから国語始まったんだ、今日は、いつから数学だ？」と感じる先生もいたようです。切り干し大根を作って、計量をしてという一連の作業活動をもって、生活単元学習、国語、数学、これで全部取り組んでます、という切れ目がないというか、一色の学校生活です。周りの先生方も、そういう国語・数学のあり方っていうのもいいなって思っていただきました。やっぱりそのテーマの中に結びついたような教科の勉強、学習というのは、子どもたちも本当に自然に取り組みます。その方が力になるような気がします。

＊解説コラム参照（P53〜56）

佐々木　そもそも、モザイク型の時間割でもって、活動を区切るというのは、子どもたちの意欲や意識も切らなきゃいけないんですよね。国語の内容やってて、次は算数の頭に切り替えなきゃいけないかなっていうので、スパッと切る。ところがテーマのある生活になると、時間の切れ目で子どもたちの意識を切ったら、逆効果っていうか、うまくないと思います。そして、各教科等合わせた指導を教育課程における核にして、各教科等を関連づけてくっつけていくと。

大森　そもそも、教育目標の実現はカリキュラム全体をもって目指すという考えを具体化するとそうなるのですね。

● 学校生活のテーマと「日生」

佐々木　各教科等を合わせた指導と、各教科等を関連づけることは、カリキュラム・マネジメントの一端と言えるでしょう。日常生活の指導（通称「日生」）と遊びの指導・生活単元学習・作業学習、この関係についてはいかがでしょうかね？日生って、なんとなく朝の会をして、「それはさておき、次は生単だね」みたいな、そんな朝の日課が展開されることがあったり、ルーティーンとしていつも通りのことがあって、じゃあ、日生終わったらここから今日のテーマスタートだよ、みたいな、そんな展開がなされたりすることがあります。個別の指導計画なんかを見ても、日生というのは歯磨き、着替え、用便などの日常生活動作に着目されます。一方、生単のほうでは運動会に向けてどうこうって、活動の文脈に即して書いてある。この日生ってあまり話題に上がることがないかなと思ったりするんですけどね。大森さんが見聞きした日生の様子はいかがですか？

大森　大まかにですが、登校した後、朝学習として各自の学習プリントや係活動に取り組む。着替えをする。身支度をする。今日の目標を決める。帰りの場所をマグネットで貼る。その様な個別の活動を経て、みんなが揃ったところで朝の会をする、という流れですね。

佐々木　そういう生活上のマネジメント、自分の管理の動向を確認するとか、そういうことも当然、日生の中では必要ですけどね。加えて、学校生活のテーマとの関連ということで、日生を考えると、どんな展開があるのかな？ということなんですね。作業学習のときの日生と、それから高等部で言えば運動

会や学校祭の時期の日生と、テーマとの関連ということでどんなやり方があるでしょうか。

田淵　最近のうちの高等部の生徒たちを見ると、本当に朝って大事だと思います。その日の朝、日生の時間って、いわば「助走」です。メインの活動に向かう助走がうまくいかないと、メインの活動である作業学習に、スムーズに飛び込んでいけない。そんなことを考えて、朝の会の場面でも、「今日はこの作業やるから、実習があるから」みたいな感じで、その時期のテーマに関する話題をする。気持ちよくその日をポーンとスタートできる、そのテーマに向かっていける、気持ちよく学校生活を送るためのポイントがこの朝の日生の時間にあるなと思うんですね。その時々にあわせて、…例えば、今の時期だったら学校祭に近いから、そういう話を織り交ぜたりとか、体力づくりもやってるんですけど、運動会に向けて走る活動を増やしたりとかね、その時々のテーマと関連づけますね。

佐々木　そういうテーマに向かうための朝の日課という意味で、やっぱり違うでしょう？大森さんの生活でも、例えば、「今日、演奏会がある」っていう日の朝と、「今日は午後からの講義」っていう日の朝と。

大森　演奏会の朝は8時までに起きて、ちゃんと朝ご飯を食べて、だいたい午前中からリハーサルがあるので、用意して、着替えをして、すっきりして出掛けます。勿論、前の日は早く寝ようって感じですね。

佐々木　テーマがあれば、そういうふうになるよね。前の日、早く寝るっていうのも、それは、ほら、帰りの会にあたる1日の終わりの日生で。テーマがあれば生活が全部、テーマにうまくつながるように変わっていくんだろうなと思います。ちなみに日生の本や研究は世の中に少ないですか？名古屋先生編著の本[6]ぐらいでしょうか。

名古屋　そうですね。あまりないですよね。旧文部省の『日常生活の指導の手引』はまだ出ているんじゃないですかね。『生活単元学習指導の手引』は絶版になっちゃってるんですけど。ちょっとそれを紹介したい。

佐々木　テーマのある学校生活づくりの追究として、教育課程の核となる遊びの指導・生活単元学習・作業学習の授業研究は盛んですが、今日的にはそれらを核とした教育課程全体の運用について、検討していかなくてはならないと思いますが、その過程では各論としての「日常生活の指導」にも注目したいですね。

〈文献等〉
1）名古屋恒彦（2015）これから引き継ぐべきこと〜子ども主体の学校生活づくり〜．特別支援教育研究，690，19．
2）坪谷有也・佐々木全・東信之・名古屋恒彦・清水茂幸・田村典子・福田博美・佐藤信（2017）知的障害特別支援学校における「主体性理念」の取扱に関する論考—「主体性理念」を評価可能な支援目標に変換する実践研究プロセスの提起—．岩手大学教育学部プロジェクト推進支援事業教育実践研究論文集，4，103−107．
3）坪谷有也・上川達也・小山聖佳・東信之・佐々木全・名古屋恒彦・池田泰子・清水茂幸・田村典子・伊藤嘉亮・山口美栄子・星野英樹・中村くみ子・阿部大樹・小山芳克・安久都靖・岩崎正紀・佐藤信（2018）附属学校と公立・私立学校の実践研究に関する連携の開発（2）—知的障害特別支援学校における研究テーマ「主体性」の協働的追求を通じて—．岩手大学教育学部プロジェクト推進支援事業教育実践研究論文集，5，36−43．
4）田淵健・佐々木全・東信之（2019）「各教科等を合わせた指導」を志向する知的障害特別支援学校教員の授業づくりに関する意識．生活中心教育研究．34．65−74．
5）田淵健・中軽米璃輝・上川達也・小山聖佳・高橋緑・中村くみ子・阿部大樹・高橋幸・伊藤槙悟・山口美栄子・昆亮仁・名古屋恒彦・坪谷有也・清水茂幸・池田泰子・鈴木恵太・佐藤信・最上一郎・東信之・佐々木全（2019）知的障害特別支援学校における観点別評価の具体的要領に関する論考—「主体的な姿」と「育成すべき資質・能力」とのかかわりを前提として—．岩手大学教育学部プロジェクト推進支援事業教育実践研究論文集，6，157−162．
6）名古屋恒彦（2012）特別支援教育　青年期を支える「日常生活の指導」Q＆A．東洋館出版社．

解説コラム　各教科等を合わせた指導における「単元構想シート」

　知的障害教育において伝統的に実施されてきた「各教科等を合わせた指導」は、学校教育法施行規則第130条第2項を根拠とし、遊びの指導、生活単元学習、作業学習として教育課程の中心に置かれてきました。

　特別支援学校小学部・中学部学習指導要領（平成29年4月告示）及び特別支援学校高等部学習指導要領（平成31年2月告示）には、知的障害者を対象として、各教科等の内容の一部又は全部を合わせて指導を行う場合に、各教科等の内容を基にした指導内容の設定、授業時数を定めることが規定された。

　これは、従前の実践において、各教科等を合わせた指導と各教科等の内容の関連が曖昧であったとする指摘への対応ということです。

　したがって、これを踏まえた授業づくりの実際的な要領が必要であると考えました。そこで、次のような作業手順を想定しました。①単元を構想する段階で、その単元内容が各教科等の内容にどのように関連しているのかを明確にすること、②個別の指導計画を作成する段階で、対象児童生徒にとっての単元内容が各教科等の内容にどのように関連しているのかを明確にすること、です。

　これらの作業手順を円滑に進めるためのツールとしての「単元構想シート」「単元における個別の指導計画」を作成しました[1] [2]。ここでは、用いるデータや様式をデジタル化し、表計算ソフトによる操作を可能にしました。ここでは、「単元構想シート」のページ（図1）、「単元における個別の指導計画」のページ（図2）があります。その他に、学習指導要領で示される各教科等の内容が一覧されたページ（図3）があります。

　操作方法は簡単です。「単元構想シート」（または「単元における個別の指導計画」）における「目標」欄の記載内容について、「国語の内容との関連がありそうだ」と考えた際、「各教科等の内容との関連」欄で、「国語」をクリックすると、「国語」の内容が一覧されたページに自動的に移動します。そこで、関連がある内容を探し、それに付された番号をクリックすると、「単元構想シート」に自動的に戻ります。すると、「各教科等の内容との関連」欄の「国語」の欄に関連がある内容の番号が表示されます。

　この作業を繰り返し、各教科等を合わせた指導と各教科等の内容の関連を明確化します。それによって、単元における具体的な学習活動や支援の手立てなどの洗練や、その単元期間における、各教科等を合わせた指導と教科別指導における学習活動の関連付けが期待されます。これらは、テーマのある学校生活づくりを促すことや、カリキュラム・マネジメントの一端としての価値もあると言えるでしょう。

【指導の形態】	作業学習	【単元名】	ピザ皿を作って販売しよう～あにわ祭販売会～	【対象】	高等部 1～3年生 8名	【担当】	○○○、●●●、□□□

単元の目標	・準備や後片付け、自分の工程に最後まで取り組む。　・隣の工程に依頼の声掛けをしたり報告をしたりするなど、周りの人と一緒に作業をする。　・販売会で取り組んでみたい係を選び、最後まで取り組む。
評価の視点	【知識・技能】 ・どうすれば（どうなれば）出来栄えが良くなるのか分かる。 ・どうすれば（どうなれば）出来栄えが良くなるのかわかり、量・長さ・大きさなどを調整する。 ・やりやすい方法が分かり、作業効率が上がる。 【思考・判断・表現力等】 ・良い状態・状況と良くない状態・状況（きず、布のしわ、巻き糸のほぐれなど）を判断する。 ・仲間と話し合ったり、確認したりして活動する。・前回の振り返りや教師に指摘されたことを次の目標に生かして、取り組む。 ・ミスに気付いて、報告する。 【学びに向かう力、人間性等】 ・出来栄え良く仕上げることを考えながら（製品になることを意識しながら）取り組む。 ・仲間や教師と励まし合ったり、確認したり、相談したりしながら一緒に取り組む。・自分の活動を振り返る。

期間・時数	8月17日～8月18日（5時間）		8月19日～11月6日（99時間）		8月19日～11月6日（6時間）		11月7日～11月7日（2時間）		11月11日～11月13日（8時間）	
小単元名（活動名）	オリエンテーション		陶芸製品作り、仕上げ作業		販売準備		販売会		販売会事後学習	
児童生徒名	主な学習活動	各教科等の内容	主な学習活動	各教科等の内容	主な学習活動	各教科等の内容	主な学習活動	各教科等の内容	主な学習活動	各教科等の内容
Aさん（1年・女）	単元1の振り返り 担当決め 目標決め 日程の確認	国語 130 142 150 社会 数学 110 理科 音楽 美術 保体 職業 43 45 家庭 78 外国 情報 特活 自活 6 24 道徳 40	【共通】 作業着の着替え、ミーティング（始め、終わり）、作業内容確認、道具の準備、片付け、掃除、日誌記入、ガンフ集会 【担当作業・係】 タタラ機、割り方、クラッシャー、土練機、マット掃除	国語 42 80 108 130 150 社会 82 数学 54 127 理科 音楽 美術 保体 職業 45 47 49 55 63 家庭 78 外国 情報 特活 自活 6 24 道徳 40	ちらし作り ポスター作り 値札付け 在庫管理	国語 108 110 161 176 社会 31 数学 54 162 理科 音楽 美術 保体 職業 45 家庭 外国 情報 21 27 特活 自活 6 24 道徳 40	販売会準備 販売活動	国語 161 172 社会 31 数学 54 162 理科 音楽 美術 保体 職業 43 47 家庭 外国 情報 特活 自活 6 24 道徳 40	アンケートの回収とまとめ 写真等での振り返り 売上計算 発表準備 ガンフ集会 大掃除、片付け	国語 161 176 195 社会 数学 54 162 222 理科 音楽 美術 保体 職業 47 59 家庭 外国 情報 特活 自活 6 24 道徳 40
Bさん（2年・女）	単元1の振り返り 担当決め 目標決め 日程の確認	国語 130 142 150 社会 数学 110 理科 音楽 美術 保体 職業 43 45 家庭 78 外国 情報 特活 自活 49 道徳 22 24	【共通】 作業着の着替え、ミーティング（始め、終わり）、作業内容確認、道具の準備、片付け、掃除、日誌記入、ガンフ集会 【担当作業・係】 のばし、やすり掛け、釉薬、タオル畳み	国語 42 80 108 130 150 社会 82 数学 54 127 理科 音楽 美術 保体 職業 45 47 49 55 63 家庭 78 外国 情報 特活 自活 49 道徳 22 24	ちらし作り ポスター作り 値札付け 在庫管理	国語 108 110 161 176 社会 31 数学 54 162 理科 音楽 美術 保体 職業 45 家庭 外国 情報 21 27 特活 自活 49 道徳 22 24	販売会準備 販売活動	国語 161 172 社会 31 数学 54 162 理科 音楽 美術 保体 職業 43 47 家庭 外国 情報 特活 自活 49 道徳 22 24	アンケートの回収とまとめ 写真等での振り返り 売上計算 発表準備 ガンフ集会 大掃除、片付け	国語 161 176 195 社会 数学 54 162 222 理科 音楽 美術 保体 職業 47 59 家庭 外国 情報 特活 自活 49 道徳 22 24
Cさん（3年・男）	単元1の振り返り 担当決め 目標決め 日程の確認	国語 130 142 150 社会 数学 110 理科 音楽 美術 保体 職業 43 45 家庭 78 外国 情報 特活 自活 19 道徳 27	【共通】 作業着の着替え、ミーティング（始め、終わり）、作業内容確認、道具の準備、片付け、掃除、日誌記入、ガンフ集会 【担当作業・係】 成形、やすり掛け、撥水剤、釉薬、班長、日付記入	国語 42 80 108 130 150 社会 82 数学 54 127 理科 音楽 美術 保体 職業 45 47 49 55 63 家庭 78 外国 情報 特活 自活 19 道徳 27	ちらし作り ポスター作り 値札付け 在庫管理	国語 108 110 161 176 社会 31 数学 54 162 理科 音楽 美術 保体 職業 45 家庭 外国 情報 21 27 特活 自活 19 道徳 27	販売会準備 販売活動	国語 161 172 社会 31 数学 54 162 理科 音楽 美術 保体 職業 43 47 家庭 外国 情報 特活 自活 19 道徳 27	アンケートの回収とまとめ 写真等での振り返り 売上計算 発表準備 ガンフ集会 大掃除、片付け	国語 161 176 195 社会 数学 54 162 222 理科 音楽 美術 保体 職業 47 59 家庭 外国 情報 特活 自活 19 道徳 27
Dさん（1年・女）	単元1の振り返り 担当決め 目標決め 日程の確認	国語 130 142 150 社会 数学 110 理科 音楽 美術 保体 職業 43 45 家庭 78 外国 情報 特活 自活 15 道徳 11	【共通】 作業着の着替え、ミーティング（始め、終わり）、作業内容確認、道具の準備、片付け、掃除、日誌記入、ガンフ集会 【担当作業・係】 計量、つぶし、成形、のばし、やすり掛け、袋づくり、撥水剤、釉薬、椅子並べ	国語 42 60 108 130 150 社会 82 数学 54 127 理科 音楽 美術 保体 職業 45 47 49 55 63 家庭 78 外国 情報 特活 自活 15 道徳 11	ちらし作り ポスター作り 値札付け 在庫管理	国語 108 110 161 176 社会 31 数学 54 162 理科 音楽 美術 保体 職業 45 家庭 外国 情報 21 27 特活 自活 15 道徳 11	販売会準備 販売活動	国語 161 172 社会 31 数学 54 162 理科 音楽 美術 保体 職業 43 47 家庭 外国 情報 特活 自活 15 道徳 11	アンケートの回収とまとめ 写真等での振り返り 売上計算 発表準備 ガンフ集会 大掃除、片付け	国語 161 176 195 社会 数学 54 162 222 理科 音楽 美術 保体 職業 47 59 家庭 外国 情報 特活 自活 15 道徳 11
Eさん（2年・男）	単元1の振り返り 担当決め 目標決め 日程の確認	国語 130 142 150 社会 数学 110 理科 音楽 美術 保体 職業 43 45 家庭 78 外国 情報 特活 自活 10 道徳 32	【共通】 作業着の着替え、ミーティング（始め、終わり）、作業内容確認、道具の準備、片付け、掃除、日誌記入、ガンフ集会 【担当作業・係】 型切り、やすり掛け、撥水剤、釉薬、洗濯干し、副班長	国語 42 80 108 130 150 社会 82 数学 54 127 理科 音楽 美術 保体 職業 45 47 49 55 63 家庭 78 外国 情報 特活 自活 10 道徳 32	ちらし作り ポスター作り 値札付け 在庫管理	国語 108 110 161 176 社会 31 数学 54 162 理科 音楽 美術 保体 職業 45 家庭 外国 情報 21 27 特活 自活 10 道徳 32	販売会準備 販売活動	国語 161 172 社会 31 数学 54 162 理科 音楽 美術 保体 職業 43 47 家庭 外国 情報 特活 自活 10 道徳 32	アンケートの回収とまとめ 写真等での振り返り 売上計算 発表準備 ガンフ集会 大掃除、片付け	国語 161 176 195 社会 数学 54 162 222 理科 音楽 美術 保体 職業 47 59 家庭 外国 情報 特活 自活 10 道徳 32

図１　「単元構想シート」のページ（一部抜粋）

児童・生徒名		B さん（2 年・女）	
【指導の形態】	作業学習	【単元名】 ビザ皿を作って販売しよう～あにわ祭販売会～	

目標（願う姿）

・準備や後片付け、自分の工程に最後まで取り組む。

・隣の工程に依頼の声掛けをしたり報告をしたりするなど、周りの人と一緒に作業する。

・販売会で取り組んでみたい係を選び、最後まで取り組む。

評価の観点

[知識・技能]
・ビザ皿はどうなると出来栄えが良くなるのかが分かる。
・どうすれば出来栄えが良くなるのかが分かり、量・長さ・大きさなどを調整する。
・やりやすい方法が分かり、作業順番が分かる。

[思考・判断・表現力等]
・良い状態・状況と良くない状態・状況（きず、太の穴、塗りむら穴がないなど）を判断する。
・仲間と話し合って、確認したことを次の目標に生かして、取り組む。
・明日の係の選択や各担に指導に指示された事を生かして、報告する。

[学びに向かう力、人間性等]
・出来栄えを仕上げることを考えながら（服数を数えながら）取り組む。
・仲間や教師と話し合ったり、確認したりしながら、自分の活動を振り返る。

小単元名 主な活動	各教科等の内容との関連	支援の手立て	評価（実現された姿）	各教科等の 達成状況の評価
	国語 130 142 150			国語 A
	社会			社会 C
	数学 110			数学 A
	理科			理科
	音楽			音楽
	美術			美術
	保体 43 45			保体 A
	職業 78			職業 A
	家庭			家庭 A
	外国			外国 A
	情報			情報
	特活 49			特活 A
	自活 22 24			自活 A
	道徳			道徳 A

図2　「単元における個別の指導計画」のページとその記入例（一部抜粋）

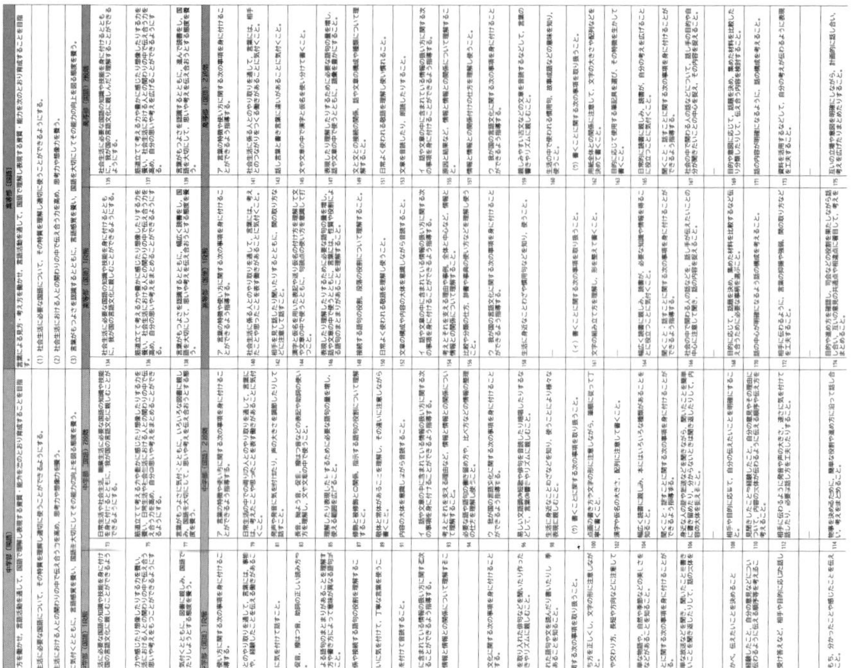

図3　各教科等の目標・内容のページ（国語の例）（一部抜粋）

〈文献等〉
1）田淵健・佐々木全・東信之・阿部大樹・田口ひろみ・中村くみ子・岩崎正紀・藤谷憲司・上濱龍也・最上一郎・名古屋恒彦（2020）育成を目指す資質・能力を踏まえた「各教科等を合わせた指導」の授業づくりの要領─特別支援学校の小学部におけるアクション・リサーチによる開発の試み─．岩手大学教育学部プロジェクト推進支援事業教育実践研究論文集，7，135-140.
2）田淵健・原田孝祐・佐々木尚子・大森響生・中村くみ子・藤谷憲司・高橋幸・本間清香・細川絵里加・佐藤佑哉・小原一志・東信之・佐々木全（2021）育成を目指す資質・能力を踏まえた「各教科等を合わせた指導」の授業づくりの要領（2）─知的障害特別支援学校中学部・高等部を対象とした「単元構想シート」─．岩手大学教育学部プロジェクト推進支援事業教育実践研究論文集，8，152-158.

授業づくりの方法、
それを巡る授業者の語り

（来訪者紹介）

田淵 健
（特別支援学校副校長）

名古屋 恒彦
（植草学園大学
発達教育学部教授）

大森 響生

佐々木 全

　私と**大森**は、窓を開けて室内に外気を入れながら、「それにしても、コロナ禍はね～」
とどちらからともなく、嘆きあいが始まりました。

　窓を閉めるタイミングで、懐かしの大学構内を眺めに出ていた**田淵**が戻り、数ヶ月後
に予定されている「いわて子ども主体の知的障害教育を学ぶ会」主催の研修会をどうし
ようか、と切り出しました。
　名古屋がそれに応じ、コロナ禍での開催方法や時間や参加者人数などなど悩ましい話
題が挙げられました。そして、企画の構想の行き着く先は、やはり授業づくりでした。
　その勢いそのままに、語りを再開しましょう。

授業とは何か、授業を教育課程実施の最前線ととらえるならば、授業は「教育課程で設定した教育目標実現のために教師によって計画され、教師と子どもによって行われる営み」と考えられる。授業は教育目標実現のために明確な意図を持って行われる営みである。[1]

授業は、子どもが主体的な姿を発揮する「生活場面」です。そして、教師が最初に講じる支援の手立てです。具体的な活動内容を設定すること、そして、その展開を構想することは、単元計画そのものであり、一単位時間の授業の展開を構想することであり、個別の指導計画を構想することにもつながります。

そこには、授業者としてどのような理念や方法が用いられ、どのような留意があるのでしょうか。この問いをめぐる私たちの対話は、以下の考えを背景として始まります。

- 「各教科等を合わせた指導」の授業づくりは、各教科等の内容の取扱いを明確にし、かつ、授業の目標やそれに連なる児童生徒一人ひとりに対する目標の立案が円滑に促進される授業づくりの要領が求められる。[2]〜[4]
- 学校教育目標の実現を目指し、全校で一貫した授業づくりを継続していくためには、授業研究会によって、目標や「授業づくりの視点」の共有や改善を重ねることが大切である。[2]〜[4]
- 学習指導案には「構想と自己検討の機能」「参照と共同検討の機能」がある。前者によって授業者が表現内容を整え、後者によって授業者は、授業研究会で参会者との協働を得る。[5]

お断り　本章は、実際の語りの内容を基に再構成したものです。一部の具体的なエピソードについては、個人や団体が特定されないように改編または表記しました。

■□□□□
単元計画を
どうつくる？

● 日常から産みだされた単元

佐々木　子どもたちの主体的な姿を実現するためには、私たち教師が真っ先に取り組むべきは、テーマのある学校生活づくりということを確認しました。その上で、どのように授業を計画し、実施し、評価し改善していくかが問われますね。それを前提としつつ、ここでは、まず単元として内容を選定するときの動機というか、何を選定のきっかけにしているかという具体的な話をお伺いしたいと思います。過去にやっておもしろかったのは、何ですか。

田淵　おもしろかったことはたくさんありますね。附属特別支援学校でいえば、蝶ヶ森山。学校のそばの小さな山で、私たちは「蝶ヶ森」と呼んでいます。ここに花壇を作った単元は、町内会の方々と一体になった感じがあって、最後に地区活動センターで完成セレモニーもあったんですけれども、そこまで含めて、子どもたちが最後まですごく生き生きとしていたなと思います。

写真　新聞記事【盛岡タイムス】（平成19年10月21日）

佐々木　新聞にも報道されていましたね。（**写真**）

名古屋　そのときのセレモニー、私は一生忘れられないですね。会場に入ると、奥に生徒がいて「お疲れさま」って言ってたら、「おお、来たか。座って、座って」と、手前にいらっしゃった町内会の皆さんにつかまって、それっきりその場で盛り上がっちゃって…。本当に地域の中に学校が溶け込んで、いや溶け込むというよりも、最初から地域そのものという感じでね。

田淵　本当に、そう。学校と地域が一体となったという感じがすごくしました。

佐々木　そもそも、なんでそれに着手しようと思ったんですか。

田淵　附属特別支援学校では、毎日、蝶ヶ森を歩いて登るというのは、かなり前から伝統的な取り組みなんですかね。小学部の子どもも、中学部の子どももやってましたね。もともと、山頂は展望台となっており、あずま屋があり、きれいに整備されていたんですが、しだいに整備する人がいなくなったり、老朽化していったりしていました。このことについて、地域の方からお話があったんですね。「以前は、あそこの木もなくて（枝が伸びておらず）、見晴らしがよかった」とか「花があったんだ」とか言う話もされていました。そういうこともあって、きれいにできたらいいよね、やってみようかなということになりました。

佐々木　そういう日常の活動の関わりや発展ということだと、子どもたちは活動に必然を感じ、また理解しやすいですよね。

田淵　市役所の公園みどり課にも、子どもたちと行きましたね。

名古屋　ペンキとか資材の調達については、市が予算を出してくれたんですね。

● 日常にもちこんだ単元

佐々木　蝶ヶ森の花壇づくりは、日常の発展から産み出された単元だと思うんですけれども、逆に意図して、やろうと考えて取り組んだ、そういう単元、題材はどうでしょうか。

名古屋　小学部のときには、教室うちわ作りをやっていましてね。あれなんかは、先生が持ち込んだんでしょう？

田淵　そうですね。それこそ、教室にいることが難しかった子どもさんがいて、活動的なことがあった方がいいなというところから、紙漉きの活動を導入しました。紙を漉くだけじゃなくて、それを何か使える物にしたいと思って、

ミニ運動会で使う応援うちわを作ろうというように発展していった単元がありましたね。

大森　活動から単元になったということですね。

田淵　そうですね。活動をどう展開するかということを検討したら単元になった。

名古屋　様子を見て、何か活動を用意したいという、そういう動機から始まったことではあるんですけれども、それもまた、子どもたちのニーズに応じたものと理解できますよね。子どもが直接的に求めたわけではないけれども、「こういう活動があれば、子どもたちの主体的な姿の実現になるのではないか」という思いから、産まれた単元ですね。そして、それが成功したわけですね。

大森　附属特別支援学校の学習指導案の様式では、「授業づくりの視点」[2]（**表**）が組み込まれており、単元の設定理由で、子どもが好きなことや得意なこと、これまでの経験を生かし、意欲的に取り組める単元にという注釈が入っていますが、これに合致する発想ですね。

表　附属特別支援学校における授業づくりの視点

授業づくりの視点と方向性	授業づくりの視点の具体的内容
①単元の設定 　学部目標に基づいて目標を設定 ・どの児童生徒も目的をもち取り組める単元に	○児童生徒の実生活に結びついた単元 ○興味・関心や願いを取り入れた単元 ○活動の流れやつながりが明確な単元
②単元の計画 　単元の目標に基づいた指導計画 ・中心になる活動を繰り返す計画に ③活動内容 　単元の計画を推進するための授業の展開 ・どの児童生徒も存分に活動できるように	○まとまりのある計画 ○繰り返すことで活動を積み重ねることができる計画 ○発展性のある計画 ○集団の中で、人と関わり、自分の役割を遂行できる活動内容 ○自分のもっている力を生かし、やりがいが感じられる活動内容 ○自分で考え、行動できる活動内容 ○達成感、充実感を得られる活動内容 ○自己選択・自己決定できる活動内容
④学習内容への支援 　教材教具・場の設定・教師の働きかけ ・分かって動き、十分に活動できるように	○児童生徒が自分でできる教材・教具 ○自分から活動できる教材・教具 ○十分に取り組める活動量と時間 ○活動しやすい道具の配置、動線 ○児童生徒が自分でできるような教師間の連携（T－T）
⑤協働的活動への支援 　児童生徒同士の関わりへの支援・教師との関わり ・教師も共に活動しながら、共感的に支援できるように	○共に活動する友達に関心を向け、友達や教師と共に活動できるようにする ○教師は児童生徒と共に活動し、児童生徒の自分でできる状況をつくるような適切な関わりをする

● 単元のマンネリ化

田淵　私が新しい単元を取り組もうとしたときに、それは同時に、「単元のマンネリ化」の状況を変えていくことにもなったかも知れません。

佐々木　「単元のマンネリ化」というのは、先生方の悩みになっていることは少なからず漏れ聞かれる話ですね。

田淵　私は年間の指導計画において、「この時期は、このぐらいのことと決まっています」という慣習というか、固定的な考え方については、すごく違和感を覚えます。勿論、入学生を迎えるとか卒業生を送り出すとか、必然性のある内容は、あっていい単元なのですが、目の前にいる子どもたちが、本当に、この単元を必要とするのか、活動にもってくるのかといったところを、やっぱりもう一回見直して、年間の計画としての単元内容を考えていいのではないかと考えました。

大森　子どもたちの様子、ニーズから発想するわけですね。

田淵　そして、中にはX単元みたいに、時期が近づいてきたら、みんなで何を単元にするか考えましょうというのも、私はとても魅力的だと思っています。「決まっていない計画なんてない」というように、それを良しとしない考えもあるでしょうけれども。それでも、やっぱりX単元が年に何回かあってもいいのかなということです。

佐々木　「単元のマンネリ化」って、そうしようと思ってそうしているわけではないはずですよね。

大森　慣例化によって見通しが持ちやすくなる、その時期の季節感がある等のメリットもありそうですが。

佐々木　そうですね。一方で、その状況が形骸化し、逆に、先生方にとって「そうしなければならない」という発想の縛りになってしまうことが問題になるのだろうと思います。

田淵　例えば、小学部で「この時期には作って食べます」「この時期には、バスに乗って出かけます」というのが決まっているとしましょう。あたかも学習指導要領に書いてあるかのように。「その子どもにとって」ということを考えて、テーマを設定していくことの必要よりも、何かしらの段階を前提として、生活単元学習の内容を列挙するというか、配列してしまうことがあります。

大森　ニーズベースではなく、題材ベースになってしまっているわけですね。

佐々木　私が特別支援学校で勤務していたときに、日程が予め確定している行事によって、単元期間が分断されてしまうことを経験しました。例えば、運動会の取り組み期間中に、高校生との交流行事で地域清掃活動がある。この日だけは、運動会の活動を中断し、高校生を迎えるんです。相手のあることでもありますし、日程変更はできませんでした。最初はそれに応じてやって

いたのですが、ある年度から、高校生との交流行事の内容を変えました。運動会の競技練習に高校生を招くことにしました。練習試合みたいなものですね。高校生のパフォーマンスに、子どもたちは、どんどん燃えていく、そんな姿が出てきました。

名古屋　単元期間がとぎれず、まとまりのある生活になりますね。

大森　ぼくだったら、慣習の中で窮屈だと思いながらも、「これでやっていくしかない」と思い込んでしまうかも知れません。状況を変えていける柔軟な発想ができる教師になるためにはどうすればいいですか？

佐々木　私は単に常識に欠けるだけだから、その質問には答えられないですね。田淵さんに聞いてみましょうよ。（笑）

田淵　う～ん、私は先輩に恵まれたということもあります。言葉は乱暴ですけれども、「おもしろければいいんだ。単元というのは、おもしろくなければ駄目なんだ」ということで、おもしろい活動や題材を見つけてきて、考えて、子どもたちとやって、一緒になって盛り上がっている様子を見て、一緒に体験させてもらって、その良さとか、子どもたちの育ちを実感しました。このことが大きいような気がします。自由に発想するって、こういうことなんだなと。

佐々木　そういうモデルになる人との出会いというのは、やっぱり教師にとっては大きいですよね。

● 系統性への傾倒

名古屋　歴史的に見ると、1970 年代の前半ぐらい、生活単元学習が失速して迷走していた時期の研究の中で、やっぱり生活単元学習年間指導計画みたいなものが、流行した時期がありました。それを作った人たちを弁護すると、やはり指導の系統性を担保したいと考えたためでしょう。内容に漏れや偏りがあったらいけないということで作ったんですね。しかし、それが結果的に、子どもたちを引っ張るかたちになっていることに気づいたのです。このことは、1970 年代の過去の出来事というよりも、おそらく今もそれが起こっている学校があるでしょう。新しい学習指導要領のオーダーに対応する指導を求めるときに、オーダーを正しく理解していくための教訓になるんじゃないかと思います。

大森　系統性が大事であることは、時代を問わず広く言われていますよね。

名古屋　各教科等の系統性とか、指導の系統性というのは、もちろん、それは
あると思うんですけれども、その系統性というのは、単に易しいものから難
しいものへという、従来型の教科の系統性に置き換えてしまうと、内容を保
証するという観点から、やっぱり子どもに合わないものでさえも取り組もう
とすることになると思うのです。

佐々木　「各教科等の内容の全てをまんべんなく学習しなければならない」と
いう縛り、傾倒ですね。

名古屋　ただ、今の子どもたちの姿に関して、これがやっぱり今後、必要だろ
うということを教師が生活感覚として察知して、選択していくことができれ
ば、それは教師が自由に発想したものの中に、子どもの教育的ニーズに合致
したものになっていくだろうと考えたいのです。実は、その辺のことも学習
指導要領の知的障害の各教科を作った人たちは、よく心得ていらっしゃって、
だんだん生活年齢が上がっていくごとに、子どもらしい活動、お兄さん、お
姉さんらしい活動、青年らしい活動という構想になっていることが透けて見
えてくるんです。ですから、教科の系統性という言葉を、知的障害教育の本
質に即して理解し直すこととか、現在の学習指導要領がやっている教科論を
きちんと咀嚼して理解していくことによって、子どものニーズに合致したも
のをやっていくことや、子どもが常に本気になれるような活動をしていくと
いうことであれば、自ずと子どものニーズに合致する内容を充足していくこ
とになると思います。

大森　それが教師の生活感覚によるならば、その感覚を磨かなくてはいけませ
んね。

佐々木　感覚的にできるのは職人芸。言い換えると実践知ですが、教師は、そ
れを理論知として、具体的な方法やスキルとして見いだし、学びあい継承し
ていくことが求められますね。

名古屋　そこについて、先輩方が職人芸的にやってうまくいっていたというの
は、やはり子どもたちの様子を正しく理解し、子どもたちの思いに沿った活
動をしていくことができていたからですね。その中には実践知が確かにある
でしょうね。私なんかも感覚でやっていこうとして、しくじったことがあり
ます。そうするとやっぱり残念な単元になってしまいます。

● 生活として、単元としての充実・発展

田淵　私たちの単元構想の中に、子どもたちの生活の充実・発展という意味での系統性が、その生活年齢だからこそその必要感とかに基づいてきたと思うんです。

佐々木　系統性を学問的な意味で理解すると、内容の配列になってしまうけれども、生活する子どもの姿を観点として、内容を理解しようとするならば、「バスを使った」「次は、あっちまで行ってみよう」というような、生活内容の系統性とか発展性ということが見えてきます。それは、単元が充実・発展していくということにつながると思います。そんな具体例があるといいと思うんですけれども。蝶ヶ森から、何が発展したとか、そういう単元のエピソードはいかがでしょうか。

名古屋　地区の活動センターの整備がありましたね。

田淵　そうですね。蝶ヶ森の山頂付近の花壇を整備した単元の話を前にしましたが、そうしたら、「うちの活動センターの花壇も実は手をつけていないんだけれども」とか、「花壇の杭を作れるなら、あっちもやってみたら」というお話をいただいて、活動が広がっていきました。これも充実・発展なのかな。

佐々木　これは周りからの要請というか、「地域から頼りにされる子どもたち」という姿ですね。

田淵　子どもたちは、例えば、杭作りの作業を担当したならば、それを自ら繰り返し活動しますので、そのスキルは高まっていったんです。させられる訓練ではない。自らが繰り返しやったことで、さらなる力を発揮する、「それができる自分を好きになれる」というようなことがあったように思います。

名古屋　関連の単元で、地区の花壇整備に取り組んだことも一生忘れられない。お向かいの奥さんが、仕事をするスタイルで出てきてくださって、「ごめんなさい、遅くなって」と言うんです。何の打ち合わせもしていないのに、学習活動と地域の活動が一体になっていた。子どもたちが、学校が、町内の仲間になっていた。感動しました。

大森　地域に開かれた学校、地域に開かれた教育課程という言葉がありますが、「開かれる」とはきっかけで、その先に、地域の一員としてとか、地域と共にある子どもたちの姿があるわけですね。

□■□□□

どう展開しましょうか

● 単元期間のやりくり

佐々木　さて、よい活動のためには、単元期間の設定も大切ですね。計画として想定する単元期間について、どれくらいが適当とみるのか。いろいろな制約の中で期間を決めなくてはいけないと思うんですけれども、そのあたりの決め方はありますか。

田淵　これもよく、話題になりますけれども、「何かに書いてあったから、単元は2週間が妥当だ、という説に基づいて2週間にします」ということもありますし、一昔前には、1日だけを生単として、ポンとやって、ポンと終わるみたいな、それを生活単元の学習として実施するところもあるし、本当に考え方はまちまちだと思います。

佐々木　ちょっと意地の悪い言い方ですが、「何かに書いてあったから」というのを根拠にするのは、「私たち、子どもを見ていないです」と宣言をしているようなものですね。

田淵　私が勤めていた学校では、わりと自由に、そのテーマを成し遂げるにちょうどいい、必要な期間を設定していました。結果的に、期間の長さには、ばらつきもあったように思います。

佐々木　結局は、その子どもと活動を見て決めることができたらいいですね。私は、全くの経験則ですが、3の倍数で考えることがあります。1週目で活動が定着し、2週目で活動にほころびが出る。3週目でリカバリーして完全燃焼、みたいな感じです。単位は週でなく、「日」でも「時間」でもいいのですけれど。むしろ大事にしたいのは、「ほころび」です。授業づくりの「ほころび」、それは、子どもの活動の充実と相対的な関係から生じる授業の不備不足と言ったらいいでしょうか。子どもがどんどん活動すれば、物足りなさが出てくる。授業の準備に不備があれば、子どもは「活動のしにくさ」を訴える。そういう課題を、教師と子どもが乗り越えて締め括るというストー

リーを私は考えています。

田淵　1日の活動時間にもよりますね。ものによっては、細く長く続けたいものがあったり、1日ガッとやって、短期間で達成したいものもあったりしました。空き缶回収ボックスというのを卒業制作で作ろうと、中学部の3年生のときにやったんですけれども、そのときは短期決戦ではないですけれども、用務員さんも一緒になって、一気に作りました。1週間だったかな。

佐々木　ああいうのは、作るのはすぐで、使う時期の方が長いですね。使用期間にも様々な活動に結びつけることが考えられますね。

大森　名古屋先生の本で、単元期間について書いてあるところもあったような気がするんですけれども。

名古屋　数週間という言い方にしていますけれども。ですから、あまり短いと単元にならないですから。単発の授業の良さもあるんですけれども、それは単元ではない。単元でないといけないということでもないので、単発の活動があっても勿論いいのです、それは目的とその価値次第です。一方で、単元というからには、ある程度の期間が必要です。長すぎると、今度は間延びしてしまって、単元化しにくくなると思うので、活動とうまくつながらなくなってくるということもあります。それから、一方で、カレンダーの上、やむを得ない日程というのはありますよね。3日でやらなければいけないとか、2日でやらなければ、それも仕方がない。それはやりくりでしょうね。

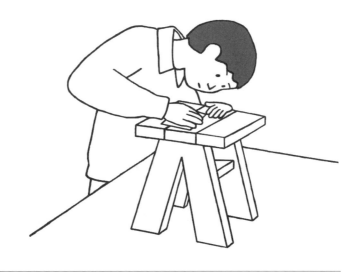

大森　単元化しない単発の授業というのは、期末の清掃みたいなことですか？

名古屋　そうです。いい例ですね、そこでは、期間が短いとはいえ、できる状況が整って、主体的に力を発揮する期間が、その限られた期間の中で、8割、9割が占められるのでなければ、やっぱりまずいです。本質論を言えば、やっぱりいかに自分から、自分で活動できたか。子どもたちが、まず、自分の生活として取り組めていた期間になっていたかということが大事だと思います。期間の長短問わず、ですね。

大森　単発、短い期間がぽんと空いた日に何を選ぶかというのも大事だなと思います。これまで培ってきた資質・能力を発揮して取り組みやすい活動とか、その後の数週間後にやる単元の準備とか。単発だから、本当に全く関係ないことを、ぱっとやるということだけではなくて、1年間の生活のつながりを見いだせるような活動の設定が理想だと思います。

● 単元のメインは？

佐々木　さて、その単元内での展開の工夫として、何か具体的な留意点、あるいはノウハウはいかがでしょうか。

田淵　オリエンテーションとか、事前指導みたいな扱いの時間を、なるべくコンパクトにしようと考えています。そして、メインの活動は何なのかを明確にして、子どもがそこに存分に力を発揮できるようにしたいと思います。単元の冒頭の時期の、活動に取り組み始めのころは、慣れない部分もあるので、メインの活動時間をできるだけ確保したいですね。

佐々木　できる状況のアジャストを考えるわけですね。

田淵　その上で、子どもが「自分でできるようになってきた、うまくできてるぞ」と感じながら打ち込める期間をどーんと1週間とか2週間とか長く取って、そして最後、みんなで達成感を味わえるような場を設けて、単元を締めくくることを目指します。

佐々木　繰り返しの活動、例えば製作活動をしていて、ある程度、単元の終盤になってくると、最初の工程の子が、やることがなくなる。そんなときの工夫は、どうでしょうか。

田淵　確かに、そうですね。単元の終盤に活動内容や量が不足するみたいな事態が発生することがあるので、これは教師の準備しかない。量を存分にする

とか、存分に活動した分が、ダブつかないようにするとか。販売するならばその量を増やすとか、販売担当者を増やすということを、途中でも変えたこともありましたね。確かに、最初の工程を担当する人の活動がなくなってきたので、違う工程の応援にまわったこともありました。例えばピザ作りをやったときは、生地を作り終えた人が、トッピングとか、次の工程に流れてしまって、生地をこねる人たちは、することがないといったときには、ピザを売るためのワゴンを作るとか、別の活動にシフトしました。あってもなくてもいい活動ではなくて、その単元の中で必要な活動を用意するというところですね。

佐々木　そういうのも、よく単元計画で、1次、2次、3次みたいな分け方で、終盤、ここまでで製品が完成。ここからは販売準備みたいな、スパッと区切った日程計画を見ることがあるんですけれども、実際は、流れ作業が完結した人から、販売活動に入っていくみたいな、「区切り」というよりも「移り変わり」のイメージですね。あとは、無限に原材料を用意しておくという状況を作ることもあるかも知れません。年間計画上、同じ単元が何度か繰り返されるから、原材料が常時あっていい、あるいはあった方がいいという場合ですね。

名古屋　販売会だと、後半で袋詰めする、店づくりというような展開は現実的だと思います。作業学習の場合は、続けていけるんですけれども、単元の場合は、そこで終わりますから。活動内容が大きく変わるとしたときに、子どもによっては、その変化に対して混乱や戸惑いがみられる場合があります。

大森　混乱がありそうだと予想される子どもがいたとき、どうしたらよいでしょうか。

名古屋　私も迷ってきた部分ではあるんですけれども、2つ考えます。1つは、例えば、ものづくりの単元だと、それまでの活動を続けるということです。メンテナンス用の予備パーツとして作る。製品として組み上がらないものですが、活動を継続していくことによって、活動の変更を最小限にする。もう1つは、活動内容は変更されるのだけれど、その限られた数日間の部分に関しては、教師が手厚く付いて、共に活動しながらサポートしていく。いずれにせよ、終わり方の工夫をしていくことが必要ですね。

佐々木　単元の最後には、活動の場を閉じていくという、後始末みたいなものも一案だろうと思います。みんなで行事のために作ったグッズを、最後に焚

きつけにして、バーベキューをしたこともありました。活動で使い終わった物の始末は、なかなか風情があって、終わる寂しさみたいなものを感じるものでもありますね。

● 単元のレパートリー

大森　単元Aが終わって、次、単元Bに、どうつなげるか。あるいは単元Bを飛び越して、単元CでAと同じ活動をするとか、そんなふうに年間計画の中で、同じ内容の単元を繰り返したり、発展的に関連づけたりすることもあるでしょうか。

田淵　「きれいにしよう、蝶ヶ森」という単元では、パート2とか、やった気がするな。そして、発展が「地区活動センターをきれいにしよう」でしたね。

名古屋　逆に、テーマがガラッと変わったとき、また全然違う活動なんだけれども、前の素晴らしい活動を引きずらないようにすることも大切です。「これも魅力的な活動だ」というものを用意していけるかということですね。前の単元のクライマックスが素晴らしければ素晴らしいほど、次は一変させてしまうという手もありますね。

佐々木　今、議論があるかどうか分からないですけれども、単元化した活動をやっていると、「いつもそればかりやっているね、活動の多様性を保証しなくていいのか」みたいな話が出たりしますけれども、単発的に、いろいろなことをやって、何も身につかないようでは駄目だし、ある程度の期間がないと、その活動の成果とか、よさも得られないでしょうから、そういう意味で、年間の計画の中で、単元としての活動のレパートリーは示していったほうが、よさそうですね。

田淵　よく言われました。「花壇さえ作っていればいいでしょう」みたいなことを言われましたね。(笑)

佐々木　マンネリ化は冤罪。(笑)実際は、年間で幾つの単元があって、幾つの活動レパートリーがあったと思うのですが、いかがでしょうか。

田淵　いくつだろう。単元の数は、そんなにたくさんではなかったと思うんです。

佐々木　年間の計画を考えるということは、単元内容として活動をいろいろ考えなければいけないから、大変だと感じることもありますし、逆に楽しく思

えることもありますね。

田淵　中学部だと生活単元学習と作業学習と交互にやっていましたから、年間では10の手前ぐらいでしょうか。

佐々木　これらが内容の関連とか発展とかを検討の上で配置されるわけですね。

田淵　定番では、新入生・卒業生の歓送迎関係とか、スキー、プール、あとはX単元を2つぐらいでしょうか。その上で、各単元の指導計画を簡単ですけれども作っていました。担当を割り振っておいて、時期が近くなると詳しい計画を作成するんです。この単元はいつからいつまで、こういう目的で、こういうことを最終的に成し遂げられるようにしていきたいと。X単元は、かなり綿密な会議をしていました。会議でのプレゼンはもう、ドキドキです。「お店を作るというのをやりたいんですけれども」みたいなことを提案して、できるのか、できないのか、場所はどうだ、道具はどうだ、と協議をしました。

佐々木　私がX単元をやるときには、綿密さはないですね。「明日から新しい単元ですけれども、やりながら考えますから、現場指示でお願いします」と。それでも動きやすいように、「いつものA班、B班、C班のグループ分けでいきましょう」というように、ベースとして日頃から共有できている条件が多少あったので、それを生かした、あるいはそれによって助けられた部分はあったのだろうと思います。

大森　全先生と田淵先生の仕事の仕方は、対照的ですね。（笑）

佐々木　どっちを見習うの？

大森　えっと、緻密な田淵先生ですね。

佐々木　はい、正解。さすが教職大学院で学んでいるだけあるね。（苦笑）

3 評価はどうしますか

● 評価に何を書く？

佐々木 さて、評価についていかがでしょうか。当然ながら、目標と評価は対応しますので、先の話と重なる部分はあるかと思います。ここでは、個別の指導計画の評価ということから話題にしましょう。

大森 目標を予め観点別で設定し、それに対応した評価を記述するという方法を見聞きすることが多いように思いますが、附属特別支援学校では、「主体的な姿」を目標として記述し、それに対応した評価として「主体的な姿」の実現状況を記述した後に、それを観点別に評価をするという方法を使っていますね。

佐々木 学校教育目標を授業場面でいかに実現しているのか、ということにこだわった附属特別支援学校らしい取り組みだと思います。

田淵 同じ構図でやっている学校もありますね。昨年度他県の学校公開に参加しましたが、その学校が独自に設定した「期待する児童生徒の姿」を記述した後に、それに基づき観点別に評価するという方法でした。

佐々木 個別の指導計画における評価の記述の具体について、いかがでしょうか。田淵さんは、今ご自身が個別の指導計画を作成するのではなく、先生方の個別の指導計画を広く見るお立場ですが、ご覧になっていかがですか？

田淵 実際、先生方が作成された個別の指導計画の評価とかを見ると、どれもその子どもにとっての主体的な姿だなって解釈できるエピソードが書かれていますね。一方で、先生方は、何を書いたらよいか、どう書いたらよいかと悩み、記述することの難しさも感じていらっしゃいますね。

佐々木 評価はそもそも目標と対応しますから、評価を書くことに難しさを感じているというのは、目標を書くことの難しさとしても理解してよさそうでしょうか？

田淵 そうですね。「何を目標にしていいのか、何を評価に書いていいのか」

と悩まれるようです。ただ、先生方は、保護者宛にその日の子どもの様子を連絡帳に毎日書いていらっしゃるんですけども、その書いてる内容を見てると、子どもたちの主体的な姿の具体が生き生きと書かれていることが多いんです。それをよくよく見れば、それこそ観点別でみれば、資質・能力の育成として説明できそうな内容が確かにあると思います。

● 見取る目と伝える言葉

大森　子どもの主体的な姿は、それを評価するときに、先生方は、「この子どもにとっての主体的な姿ってこういうことだよね」っていうのを、日常の関わりや授業の中で自然と見取っているようにみえます。そういう「主体的な姿」を見取るための視点を先生方が持ってるからこそ、その子どもの主体的な姿を見逃さず、書き起こせるのだと思いました。

田淵　私もそう思います。その子どもならではの姿というのはありますし、そもそもそれを見いだす先生方の目が大切ですね。

大森　ただ、逆に言うと、ほかの一般の人が見たこの人の主体的な姿っていうのは、もしかしたら別の人から見たら主体的とは思えないかもしれない。ぼくがインタビュー調査をさせていただいた先生方もやっぱり同じことをおっしゃってました。だからこそ、授業者が複数の視点で評価するっていうこととか、そこの普段の様子、変化を見取るっていうことが大切なんだなと思いました。

佐々木　少し、突っ込むけど、インタビューで「主体的な姿」を説明する先生方のお話を聞きながら、大森さんが「それは、先生の主観であって、客観的には違うのでは？」と疑問に思った場面はありませんでしたか？

大森　うーん。最初は私の理解が追いつかないことはありましたが、どの先生方も詳しい説明をしてくださいます。その子どもの日常の様子や前の単元でのエピソードなどを交えたお話をきくと、僕のその子どもに対するイメージも湧いてきて、「ああ、主体的な姿なんだな」とイメージできるという体験をしました。

佐々木　なるほど、先生方の詳しい説明が大森君を納得に誘うわけですね。一方で多くの先生方は「客観性」ということに対して、気を遣うことが多いのではないでしょうか。

大森　そもそも客観性とは伝わりやすさ、了解可能性が高いという意味だと思います。

名古屋　そもそも私たちは、まず、その子の良さとかいい姿を直感することがあるんだと思うんですね。そのことの次の段階として、伝えるっていうことのために言葉で表すことをやっていく。伝える言葉がうまく見つからない中で、直感した本当の原体験の、ああいうのはいい姿だなっていう内容が歪んでしまうような、無理な言葉を探しているんですよね。だからそういう意味でも、今日、話題になってるような言葉を作っていくということの努力っていうのは、それも正しいかなと思います。

田淵　そうですね。客観的な評価かどうかと問われるとギクッとしますね。でも伝えると言うことを目指して説明すると考えればよさそうです。そもそも説明責任ということは常にあるわりですしね。

名古屋　やっぱりこの教育の説明責任というのか、あるいは指導支援をつなげていくために文字化していくっていうことは避けて通れないので、その部分に私たちの専門性というのが磨かれていかなきゃいけないんだと思います。しかし、例えば良い家族関係の中で、我が子や自分の親とかのいい姿に感動したのを、いちいち文字化したり言語化したりしませんよね。それでますすいい家族になっていくんだけども。学校教育を煎じ詰めていくのも、そんなところがあると思うんですよ。だけど、やっぱり学校教育として文字化していかなきゃいけない責任があるということに、専門職としての側面、問われてる力っていうのがあるのかなと思いますね。

● やっぱり評価は言葉

田淵　いかに資質・能力が育成されたかっていうことを伝えるというか、文字にする、評価を説明するっていう動きについては、先生方が本当に一生懸命なされています。保護者にとって「うちの子、学校に行って、毎日楽しく過ごしてるんだけども、どんな力がついたのかがちょっとよくわからない」っていうことは、あまり良いことではないのかなと思うんです。さっき言ったように、連絡帳に書いてるようなことっていうのは、すごく具体的な事実っていうか、エピソードなんですね。そういう先生方が見取った子どもの主体的な姿ってとても良いものです。だからこそ、それが資質・能力が育成に確

かにつながっていることを説明したいですね。

佐々木　「主体的な姿」についての具体的な描写としてのエピソードがあって、その内訳として、資質・能力の育成状況が語られ、記されるという二段構えですね。やはりここでも記述の要領があればいいですね。主体的な姿を表現する言葉が耕されたとの話がありましたが、その充実のために努めるべきことが見えてきましたね。

大森　目標や評価を書くことについて、ぼくもこの2年でずいぶん見聞きしたり、自分で書いたりして観点別評価には少し慣れてきました。今は授業改善の3つの視点である「主体的・対話的で深い学び」の評価をどうしようかと思って調査や研究に取り組んでいます。

佐々木　学習評価や学習過程の評価などが求められる現状ですが、説明様式が変わったり刷新されたりしたとしても、実際にはこれまでの実践の説明でも内容的には充足されていることが多いと思えます。

大森　先生方にインタビュー調査をさせていただきましたら、まさにそういう結果が出ました[6]。過去の実践を思い起こして、今新たに求められている「主体的・対話的で深い学び」を視点として、子どもの様子をお話いただきましたが、どの先生方も極めて具体的にそして的確にお話しくださいました。視点は新しいけれども、先生方は、これまで知的障害教育の中で「主体的・対話的で深い学び」相当のことをちゃんと見取っていて、それを言語化されていると思いました。

佐々木　学習指導要領が新しくなるたびにそこで示される新たな取り組みについて、「それ初めて聞く言葉！やってない、やらなきゃ」と右往左往するのではなく、まずこれまでのことをちゃんと振り返って、それ相応の取り組みがあるかどうかを確認し、私たちは、やってきたことを適正に評価した上で、ないものや不足しているもの等を真に明らかにして取り組むことが大切ですね。

名古屋　大森さんの周りには、教師として手本になるようなよい先輩たちがいますね。

佐々木　本当にご協力、ご指導くださりありがたいですね。私では手本になりませんからね。

田淵　そんなことはないでしょう？（笑）

大森　そうですね。（笑）

佐々木　何で半笑いなの？二人とも。（苦笑）

4 そもそも指導案って何のために作るの

● 授業のイメージ、その練り上げ

佐々木　授業をする際に、学習指導案、いわゆる指導案を作りますよね。これを書く機会は、実質的には授業研究会のためということがほとんどだと思うんです。でも日常的に略案として作成され実質的な打ち合わせ資料として作られるということはあります。ここでは、授業研究会のための指導案ということをベースに話をしていきたいと思います。そもそも授業者は何のために指導案を書くのでしょうか。

田淵　確かに多くの場合は、授業研究会のために書かなきゃならないから書いてると思います。そもそも、授業者は何を意図して、子どもたちのどんな姿を願って、もっと言えば、どんな力がつくんだということも踏まえているのかということを、単元計画とかも含めて、周りの人に伝えるための手段として作っているとは思うんです。自分が作っていて思うのは、自分の頭の中が整理されるんですね。授業の設計図というかイメージが見えてくる。そっちのほうが、むしろ伝えることよりも、作っている本人にはメリットとしての実感が大きかった。

大森　ぼくも教職大学院の実習中に作成しましたが、それに基づいて、授業の事前事後で先生方にご意見をもらったりして、自分の考えを整理したり、授業自体の構想を練ったり、改善したりすることができました。

佐々木　授業者チームの先生方は、提案された指導案から授業者の意図とか、事務的な連絡あるいは分担内容とか、そういうことを共有するということですね。イメージを伝えること、伝えあうことで授業を練り上げていく。それでは、指導案の作成ということを初任の先生方とか、教育実習生に課すことがあると思うんですけれども、このような研修や要請方法として指導案の作成を課すことで、何を伝え、育成しようとしているのでしょうか。

田淵　そもそも、この授業は何のためにやっているのかということを、自分が

活動のメインとして何を設定するか、授業者自身に分かってほしい、確認してほしいというところでしょうか。イメージを作りあげていくということ。

● 思考の流れを導く様式

名古屋　指導案って、学校によって様式が違うんです。私は指導案の様式も、各学校の研究業績だと思っています。要するに、その学校の授業観、あるいは授業づくり観みたいなものが映し出されている。まず、新たに着任された先生方は、それをトレースしていただくことによって、その作業を通して、この学校は「このように授業を組み立てているんだな」ということの共通理解ができる。

佐々木　なるほど。例えば附属特別支援学校では独自に設定した「授業づくりの視点」を記載上の留意点として指導案の様式を組み込んでいます。実際、このような様式を準備したというのは、先生方が授業観や指導案の書き方を共有しやすいようにという意図があるわけですね。このおかげで、授業づくりの質がかなり安定してきたような気がします。言い方が適当ではないかも知れませんが、記述の内容や量に、個人差があまりなく、学校として一貫した表現になっています。これは素晴らしい定着ぶりです。そして、教育実習生も、それなりにトレースして上手に書いている。様式があると書きやすい。

大森　実際、附属特別支援学校の様式に即すと書きやすいですね。自分の考えの流れを作ってくれるようで。これは、記述要領であり、記述に係る技術的なサポートにもなっていると思います。

佐々木　指導案を作る上で、大森さんに私からリクエストしたことがありました。本時にふさわしい「本時の目標」の内容を書いてほしい、ということでした。一般的に、指導案に記載される「本時の目標」の内容が、「単元目標」と大差ない場合や、単元序盤の授業と終盤の授業で大差ない場合があります。例えば、「自分の作業分担を理解して取り組んでほしい」ということは、単元序盤ではふさわしいけれど、自分の作業分担に熟練しているはずの終盤にはふさわしくありません。終盤では、「自分の作業分担」などはとっくに理解されているはずですからね。

大森　教職大学院一期生の坪谷有也先生のお考えでは、「本時の目標」の内容は、「本時にあっては〜」という枕詞につなげて発想するとよいことが示されて

いますね。そもそも、その枕詞をつけるという発想自体は、学校教育目標から本時の目標に向かうプロセスを前提としていました。「学校教育目標」は「本校にあっては〜を実現してほしい」という内容が明言されたもの、「学部目標は、「この年代（学部）にあっては〜を実現してほしい」という内容が明言されたものを意味していました。それを受けて、「この年代（学部）にあっては〜」「この単元においては〜」「本時にあっては〜」として、目標の内容は具体化されていくという構想です。

佐々木　これも思考の流れを導く工夫なんです。ですから「本時の目標」において、本当に、その日の目標が書かれるということをすると、具体的な記述になるんじゃないかということです。勿論、指導案が授業公開日の何日も前に作られて、起案決裁という職務上の手続きを経るということも現実的にあるので、その当日の状況を書けない、書いたものを配布できないのかも知れません。だからといって、考えなくていいということではありません。授業研究会の冒頭で、授業者から口頭で説明されてもいいでしょうし、補足資料で示されてもいいでしょう。「本時にあっては〜」と考えることが大事なんです。実際に、その単元を通じ子どもが経験していることに思いをはせることが大切なんです。

名古屋　本時らしさとして本当に本時にやること、ちょっと一言入るだけで全然違う。例えば金曜日の授業だったら、「週末の」という言葉が入るだけでもリアルになることがありますね。

佐々木　これも表記の技術の開発ですね。

● パッと見て

佐々木　では、立場を変えて、授業者の立場ではなく、授業研究会に参加する立場であれば、指導案から何を読もうとしますか。

田淵　指導案を事前にもらっているなら、隅々まで読もうかなという気もするんですが、当日受け取って、限られた時間で読むことが多いので、そのときは、単元設定の理由とかですね。むしろ、研究授業やその指導案からは、どの子にどんな支援をして、どんな姿につながっているのかということを、一つでも持って帰りたい。こんな支援がいいな、みたいなところを見たくなるので、その部分の情報が欲しい。実際の授業場面を見て、パッと、A君、B

君が今どこで何をしていて、というのが分かるといいですね。

佐々木　なるほど。参照したいという動機で、自分の関心に即して読み取ることになるのですね。私は、参観者に対して、活動の場で、実際の子どもの姿と指導案を対照させたときに、パッと見てわかる、ということが大事だと思っています。参観者にはＡ４用紙で10ページにもなる指導案をめくりながら授業を見るという物理的な手間が生じている。これが常だから、あまり負担とは感じない方もいるかも知れませんが。でもこのような物理的な手間は、パッと見てわかるというメリットを阻害している。加えて実はこれまでのやり方には余計な手間があったのだという自覚を阻害している。そこで、考案したのがワンペーパー指導案*です。

名古屋　これがワンペーパー指導案ですね。

佐々木　はい。これは、大学院生が学修の一環として作ったものです。Ａ３用紙の二つ折り、実質Ａ４用紙で４枚分の内容ですが、10ページあった従来型と同じ情報量をいれて、少し余白がある。もちろん単に字を小さくしたのではありません。セコいかも知れませんが、印刷にかかる時間的、資源的なコストも大幅に下がります。

田淵　セコくないですよ。それによって産みだされた時間や労力は本来的に注ぐべき授業づくりにつかえるのですから。

大森　２ページ目と３ページ目に「本時の展開」と「場の設定」が一体化されているので、パッと開いて実際の活動の場と対照させて見ることができますね。

佐々木　ワンペーパー指導案の４ページ目には少しゆとりがあるんです。今後、ここには評価を書くようにしたいと思っています。また、授業研究会で検討される内容を示したり、附属特別支援学校では、開発した評価方法を紹介したりすることもできると思います。

名古屋　授業者と参観者の意図や情報の共有が進めば、授業研究会の充実にもつながりますね。

＊解説コラム参照（P85〜87）

5

□□□□□■

授業研究会を
巡るつぶやき

● 授業者のための…

佐々木 授業づくりの評価と改善を追究する教師側の取り組みには、授業研究会があります。ある岩手県内の特別支援学校の校内研究会にうかがいましたら、研究報告書の中に、この校内研究の取り組みが先生方にとってどうだったかということを検証しようとする内容が含まれていて、なるほど、と思いました、それで、逆に、授業研究会について、そもそも何を目的としてやっているのか、どうあるべきかということを、あまり話題にしたことがなかったかもしれないと、我が身を振り返ったのです。

田淵 私が勤務していたときのことを思い出して話すんですが、附属特別支援学校のような研究校だと、自分たちの授業づくりの追究ということはあるけれど、むしろ外部に向けた提案とか、その内容の評価としての意見をいただく場であったように思います。

大森 それは、附属特別支援学校独自の部分ですね。

田淵 県立学校だと普段、例えば初任研とか、2年目とかで授業研究会をやるんですけれども、ここでは、授業を改善するための視点や要点は何なのかということを、授業者が得るためにやっていますね。そこから参会者の先生方にも、共有できるものがあればいいな、ということが考えられているかと思います。しかし、とにかく一番は授業者。「これから、こうやって授業をつくっていこう、こう改善していこう」ということをつかむ機会として考えています。

大森 趣旨が明確で素晴らしいですね。

● どう進める？

佐々木 具体的には、授業研究会がどのように進行されるのですか？

田淵　一般的なパターンですね。まずは、授業者からの概要の説明ですね。「今日の授業は単元の中のどこにあたって…」とか。授業の動画記録を上映することも最近ではありますね。

佐々木　「授業に関する概要の説明」ということですね。これは、研究会で協議する素材そのものですから必然ですね。

田淵　そうですね。次いで、授業者による授業の評価が語られますね。そして質疑応答。

佐々木　素材としての授業、それを授業者がどう見たのかということが、参会者全員で共有される必要がありますね。それを踏まえた上で「協議」に進むわけですね。

田淵　そうですね。ここからは２パターンあるんです。授業者と参会者の質疑をベースに進むパターンです。「何でもどうぞ」みたいな感じ。

佐々木　これは、質問内容に応じるわけですから、様々な切り口から、即興的な展開になりますね。

田淵　そうですね。もう１つのパターンは、予め設定した協議題、一般的には「協議の柱」と呼んでいますが、これをもとにすすめるパターンですね。協議の柱も、何を設定するかが問われますよね。「今日の授業の目標はこうだったんだけれども、それについて手立ては有効だったかどうか」とか、学校の研究テーマに絡めた大きな話になるときもあります。

佐々木　そして、最後に助言者がコメントをして締め括るわけですね。

田淵　はい。

● 授業者自評は…

佐々木　さて、授業研究会の大まかな流れを確認しました。授業研究会の冒頭の授業者からの発言・自評で、「今日の授業はこうで、この人がこうで、予想外でしたとか、実は、こんな準備をしていたんです」などというエピソードが語られることが一般的ですけれども、授業の評価が明確に語られることが少ないように思うのです。いかがでしょうか。

田淵　なるほど、言われてみればそうですね。小中学校の授業研究会では「今日の授業はこういうことをねらいにしたんだけれども達成できました」みたいなことをおっしゃっている気がします。特別支援学校は、あまりそういう

言い方を聞かない。「今日はこんなことがあって…」とかいうエピソードが語られがちです。自評として、何を語るのか、明確ではないのかな。

佐々木　このことを附属特別支援学校の先生方に問いかけたら、何人かの子どもの様子を話した上で、「これらから、おおむね、本時の目標はこのように実現されました」という発言をされていました。子ども一人ひとりの様子を根拠として授業全体の評価を語るという表現と思考のフォーマットをすぐに産み出すというあたり、さすがだと思いました。

名古屋　目標の達成や実現ということをきちんと押さえないと、曖昧な内容が話されてしまうかも知れませんね。特に生活単元のところは、「いい姿」が様々出てくるので、目標に即さない内容に過度な注目がなされたり、結果オーライ的な部分が強調されたりしてしまうこともあるかも知れません。何かしらの良いところがあればいい授業ではなくて、やっぱりビジョンや目標が達成できたからいい授業であるということを前提にしたいですね。それから、授業で見られる子どものいい姿が、目標の達成は、やっぱり授業者の手立てとの関係で見ていかないと、結果オーライ的な評価になってしまいます。目標、手立て、評価についての議論というところは、一番しっかりしておかないと、ぼやけたり、ずれたりすることがあるんだと思うんです。

● 口数と手数

佐々木　協議中の発言は、多くあるいは積極的に出ますか？私が特別支援学校に勤めていたときには、研究会での発言が少ないことが研究部員の悩みでした。そのころから研究会の展開の工夫が試みられ始めました。グループセッションや付箋に書いたメモ書きをシェアするなどのようなことですね。手数をかけて発言のしやすさを担保し、発言量の増加が促されました。

大森　ぼくも、全体の協議の場で発言するということは躊躇いますね。大学院生という立場でもありますし。でも、グループセッションだと、他の先生方の意見を聞いたり自分でも話したりしやすくなります。ありがたいですね。

名古屋　確かに様々な方法で、量的な発言は確保できるようになってきたんじゃないかと思うんです。でも、そのことに関して、2つ気をつけたいですね。1つ目は、授業の目標というのはきちんと持つこと。特に、目標に即した議論をしていく努力をしたいですね。ただ、それをあまり強いてしまうと、

また萎縮してしまうから、その方向性は担保していかなければいけないだろうと思います。2つ目はそれを担保していくために、やっぱりいろいろな発言が出るけれども、最終的には授業者が取捨選択することで了解していくこと。自分の意見を拾ってもらえなかったとか、そういうことではなくて、選択は授業者の主体性に委ねるという了解が必要かと思います。

大森　意見がたくさん出るようになった分だけ、選択が問われますね。

名古屋　全ての意見を聞こうとすれば授業が破たんしてしまう。相反する価値の意見も出ますから。そこはうらみっこなしでということを共通理解としたらいいと思います。

● 授業づくりの主体は…

田淵　発言量、口数を増やすことによって授業研究会を活性化しようとする取り組みとの合わせ技で、良い協議題、話し合い甲斐のある協議題を設定することこそ本質的に大切にしたいですね。授業公開の事前に、参会者に対して、予め協議題を伝えておき、それを観点として授業を見ていただくということも手立てでしょう。

大森　附属特別支援学校でやっているように、ここであらかじめ付箋を配って参観者のメモを集約して、これを授業研究会での協議に活用することもありますね。

佐々木　なるほど、参会者に観点を持ってもらうという下準備は有効ですね。他に「この授業研究会はよかったな」というのは、何かありますか。

田淵　私が授業者だったときは、自分が聞きたいことを、参会者に自分から聞いたりすることで、聞きたいことが得られたというのはありますけれども。進め方とか、運営の仕方が良かったというのは、どうかな。あまりそういう目で見たことはないかも知れませんね。

佐々木　やっぱり授業研究会は授業者のものですね。授業づくり、授業改善をする主体ですからね。そうであればこそ、運営する側も、授業者に手応えがあるような、授業研究会にしなくてはいけないですね。

田淵　そういうのもテーマですね。ちょっと視点が変わるのですが、附属特別支援学校の学校公開なんかだと、参会者がそれぞれに目的意識を持っていることもありますね。情報収集や情報交換として協議の時間が使われることも

ありますね。参会者に「どうぞここでの情報をお持ち帰りください」という研究会もあると思います。一方で、「今回は、うちのこの授業について追究したいので、ご意見、助言ください」というときもあります。どちらもニーズに応じて実施されるならばよいのかもしれませんが、両者が混在すると難しいですね。協議がぶれるかもしれないし、時間的にも収まらないかもしれない。

佐々木　なるほど、帰校したら授業者になる参会者のメリットも含め、授業研究会における目的、趣旨ということについては、参会者が共有しておくことが大切ですね。いずれ、会の方針をはっきりして、「参加者の皆さんのための場ですよ」なのか、「授業者のための場ですよ」なのか。おおむね、校内でやるときには、授業者のためのということですね。学校公開研究会であれば、ご参会の皆さんのためということになるかもしれないです。ありがとうございました。研究会の要領を作りたいと思いながら、6年間たってしまいました。

田淵　でも、授業研究会自体のノウハウを考えるのもおもしろそうですね。来年度こそ実践研究として、やってください。

〈文献等〉
1）名古屋恒彦（2009）授業にこだわる―柔軟な展開と明確な目標と―．特別支援教育研究，626，14．
2）田村典子・山口美栄子・星野英樹・中村くみ子・伊藤嘉亮・阿部大樹・清水茂幸（2018）児童生徒一人一人が今，主体的に活動できる授業づくり．岩手大学教育部プロジェクト推進支援事業教育実践研究論文集，5，4－9．
3）中村くみ子・昆亮仁・山口美栄子・高橋幸・伊藤槙悟・阿部大樹・清水茂幸（2019）児童生徒一人一人が今，主体的に活動できる授業づくり―観点別評価の取り組みを通して―．岩手大学教育部プロジェクト推進支援事業教育実践研究論文集，6，1－5
4）田淵健・佐々木全・東信之・阿部大樹・田口ひろみ・中村くみ子・岩崎正紀・藤谷憲司・上濱龍也・最上一郎・名古屋恒彦（2020）育成を目指す資質・能力を踏まえた「各教科等を合わせた指導」の授業づくりの要領の開発―特別支援学校の小学部におけるアクション・リサーチから―．岩手大学教育部プロジェクト推進支援事業教育実践研究論文集，7，135－140
5）小山聖佳・上川達也・田淵健・中軽米璃輝・高橋縁・中村くみ子・阿部大樹・高橋幸・伊藤槙悟・山口美栄子・昆亮仁・清水茂幸・坪谷有也・最上一郎・佐藤信・東信之・佐々木全（2019）知的障害教育における学習指導案様式「ワンペーパー指導案」の提案．岩手大学教育部プロジェクト推進支援事業教育実践研究論文集，6，151－156．
6）大森響生・佐々木全・東信之（2020）「各教科等を合わせた指導」における「主体的・対話的で深い学び」の評価の探究．生活中心教育研究，44－52．

解説コラム ワンペーパー指導案

　ワンペーパー指導案とは、学習指導案の様式であり、Ａ３用紙１枚の二つ折りで完結する形態である。これは、従来型の学習指導案の様式・形式における課題への対応として考案された。

　ここでいう課題とは、欠点ということではなく、特定の用途や条件を想定した場合の課題である。ワンペーパー指導案の具体的な想定内容は、「参照と共同検討の機能」である。これはすなわち、学習指導案を授業参観や授業研究会における資料とした場合である。

　そもそも、従来型の学習指導案の概要及び取扱の実態は以下のようであった。なお、従来型の学習指導案の様式・形態として、想定したのは岩手大学教育学部附属特別支援学校で開発、使用されている学習指導案である。

- 様式は、次の内容項目をもって構成されていた。「Ⅰ　単元名」「Ⅱ　授業づくりの視点」「Ⅲ　単元の目標」「Ⅳ　単元計画」「Ⅴ　本時の授業」「Ⅵ　個人の目標及び支援」「Ⅶ　評価」であった。
- 形態は、Ａ４用紙、片面刷り、ホチキスにて右綴じ、７〜10枚であり、この中でも本時の授業の詳細を記述した項目（「Ⅴ　本時の授業」における下位項目「本時の展開」「配置図」と「Ⅵ　個人の目標及び支援」）は平均で５〜６枚を占めていた。

このような、様式・形態について、関係者の感想として次の内容があった。

- 学習指導案のページ数が多く、読むことに時間がかかる。つまり、授業参観中に捲る手間がかかる。
- 授業の状況における場の設定や対象児童生徒について、学習指導案の記載内容と照合することに時間がかかる。
- 「本時の展開」（タイムテーブル）が複数ページに渡るため全体像が見えにくい。
- それぞれ別ページに記載の「本時の展開」と「Ⅵ　個人の目標及び支援」とを一元的に把握しにくい。
- 各内容項目における記載内容に重複がある。

　以上のことから、従来型の様式について、そのページ数を減じ物理的に取扱いやすくすること、内容を一覧し、かつ関連内容を一元的に把握しやすいようにすることを改善ニーズとして仮定した。無論、必要情報を確実に記載するこ

とは前提である。この対応として、以下のようにワンペーパー指導案の開発がなされた。ここでは、内容項目は従来のものを踏襲しつつ、形態を以下のように改めた。

- 形態は、Ａ３用紙、両面刷り、二つ折り、1枚とした。内容項目の一部（「Ⅴ　本時の授業」における下位項目「本時の展開」「配置図」と「Ⅵ　個人の目標及び支援」）を統合し、見開きで一覧できるようにした。
- 1ページ目（以下、表紙と記す）には「Ⅰ　単元名」「Ⅱ　授業づくりの視点」「Ⅲ　単元の目標」「Ⅳ　単元計画」を記載した。ただし、分量が収まらない場合は、4ページ目（以下、裏表紙と記す）に続けた。
- 2～3ページ（以下、見開きと記す）には「Ⅴ　本時の授業」「Ⅵ　個人の目標及び支援」「Ⅶ　評価」を一元的に記載した。具体的には、「本時の展開」（タイムテーブル）が前面に示され、その上下には授業の目標や評価の観点が記された。「本時の展開」（タイムテーブル）の内部には、配置図がキービジュアルとして配置され、その図中に示された学習者毎に吹き出しが設けられ、「Ⅵ　個人の目標及び支援」の内容が記された。ここでは、同一内容を一定期間繰り返す場合に適しているといえるかもしれない。つまりは、「遊びの指導」「生活単元学習」「作業学習」のような「各教科等を合わせた指導」に適している。
- 4ページは、教材教具などの写真や、授業研究会における協議題に関わる内容など、各学校の裁量で自由に使用できるスペースとした。

なお、ワンペーパー指導案に記載する文字数については、紙幅の制限内で、記載内容を精選したい。記載内容を精選することは、活動の精選あるいは伝達したい情報の精選にもつながり、そもそもの学習指導案の機能として期待される「構想と自己検討の機能」の促進にもなるだろう。

〈文献等〉
小山聖佳・上川達也・田淵健・中軽米璃輝・高橋緑・中村くみ子・阿部大樹・高橋幸・伊藤槙悟・山口美栄子・昆亮仁・清水茂幸・坪谷有也・最上一郎・佐藤信・東信之・佐々木全（2019）知的障害教育における学習指導案様式「ワンペーパー指導案」の提案. 岩手大学教育学部プロジェクト推進支援事業教育実践研究論文集, 6, 151－156.

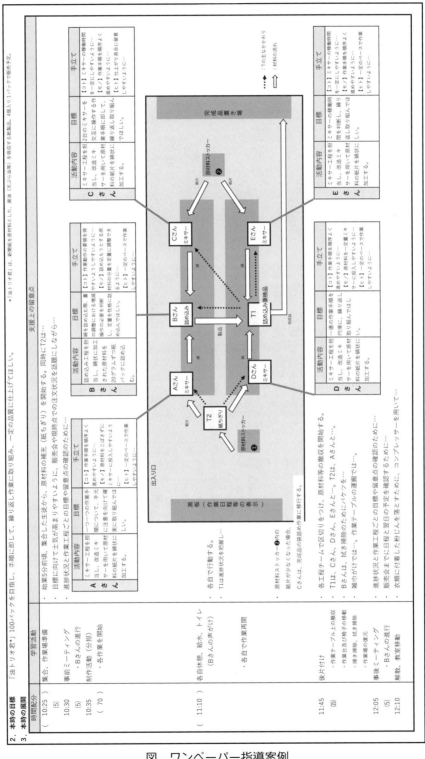

図　ワンペーパー指導案例

授業づくり各論、
ICTの針路と
それを巡る授業者の語り

（来訪者紹介）

東 信之
（教職大学院特命教授）

田淵 健
（特別支援学校副校長）

名古屋 恒彦
（植草学園大学
発達教育学部教授）

大森 響生

佐々木 全

　この年は、例年よりも早く多くの雪が積もりました。厚く空を覆った雲からは、ちらほらと雪が落ちてきます。この後の大雪を予告するかのようです。

　大森と東と私がテーブルと録音機材のセッティングをしているところで、**名古屋**が到着。そこから間をおかず、**田淵**が到着しました。勤務校から３時間の運転、すかさず東が労います。話題は必然的に、県内の道路状況です。降雪、積雪の多寡。道路の凍結状況、平野部と峠道それぞれの状況などなど…。

　さて、知的障害教育におけるICTの道程はいかに。

支援ニーズに基づくＩＣＴ機器の選定と、具体的な支援の手立ての構想を明らかにし、かつ、その効果を検証する実践事例があれば、ＩＣＴ活用の普及の一助となるだろう。[1]

　ＩＣＴは、使うこと自体が目的ではありません。教育として、授業の内容及び方法としてＩＣＴを使用するとはどのようなことでしょうか。

　文部科学省は、ＧＩＧＡスクール構想として、「1人1台端末と、高速大容量の通信ネットワークを一体的に整備することで、特別な支援を必要とする子供を含め、多様な子供たちを誰一人取り残すことなく、公正に個別最適化され、資質・能力が一層確実に育成できる教育環境を実現する」こと、「これまでの我が国の教育実践と最先端のベストミックスを図ることにより、教師・児童生徒の力を最大限に引き出す」ことの二点を掲げ、「これまでの教育実践の蓄積×ＩＣＴ」によって「学習活動の一層の充実」「主体的・対話的で深い学びの視点からの授業改善」を目指すことを明言しています。[2]

　このことは、特別支援教育においても通じます。文部科学省は、特別支援教育におけるＩＣＴの活用の必要性について、障害の状態やそれに伴う学びにくさは多様かつ個人差が大きく、障害のない児童生徒以上に「個別最適化した学び」≒「特別な支援」が必要であるとし、特に、知的障害では、理解や意思疎通を支援するためにＩＣＴ機器の活用が有効であるとしています。[3]

　ＩＣＴは、必要に応じて使ってこそ支援の手立てになる。必要に応じて使ってこそ、生活が豊かになる。それは、実践の成果が検証されることによって、ＩＣＴが適切に普及すると考えられます。このような動向を踏まえ、具体的な授業を、児童生徒一人ひとりに対する支援をどのように構想し、実施したらよいでしょうか。この問いをめぐる私たちの対話は、ＩＣＴが接近する学校事情を皮切りとしました。

お断り　本章は、実際の語りの内容を基に再構成したものです。一部の具体的なエピソードについては、個人や団体が特定されないように改編または表記しました。

■□□
ＩＣＴ、いよいよ、
近くに、到来

● 時代が進んだ

佐々木　知的障害教育におけるＩＣＴについて、まずは、名古屋先生、全国的な動向についていかがでしょう。

名古屋　ＧＩＧＡスクール構想がアクティブな段階に入ってることで、知的障害教育においても、特別支援学校、特別支援学級共に、タブレット端末の１人１台の配布が進んでいます。その中で新しい授業の可能性が生まれてきていると感じます。

田淵　授業実践について、学校種、学級種での違いはいかがですか。

名古屋　通常の学校においては、デフォルトになっています。プログラミング教育がマストになっていることもありますが、もちろん、それ以外の授業、社会科とか理科の授業でもよく使われていますね。

佐々木　私は、岩手大学教育学部附属小学校や附属中学校の授業をよく見せていただきますが、先生方も、子どもたちも相当使いこなしていますね。調べ学習のツールということに留まらず、授業によっては、各児童生徒がノートを、紙かタブレットかそれぞれ選んで使用しています。慣れたものですね。

名古屋　特別支援学校や特別支援学級での準ずる教育でも同様ですね。この間、自閉症・情緒障害学級の授業を参観させていただいたときに、調べ学習のツールとしてタブレットを子どもたちが使っている様子を目の当たりにして、時代が変わった、いや、時代が進んだなって感じましたね。

東　そうですね。岩手県内の特別支援学校でもずいぶん使い込んでいますね。そのような事例を教育センターも収集して公開して、情報の交流や共有によって、学校での実践も厚みを増しています。

佐々木　この間、大森さんと一緒に参観したある特別支援学校での取り組みもまた、そのような事例の１つでしたね。

大森　はい。訪問学級の児童と小学部の児童が、オンラインで交流する活動で

した。ＩＣＴにおける通信機能、コミュニケーション機能の部分の活用ですね。その授業に限らず他の授業でも、各教科等の授業でも、生活単元学習でもタブレットを自然に活用していると思いました。簡単な機能では、撮影したり画像を示したり、計算機として、普通に使っていますね。

● 危機が好機に

田淵　「ＧＩＧＡスクール構想」「情報活用能力を高める」など、文部科学省が現場に示す道筋について取り組んでいかなくてはならないと思っていたところ、むしろ、それとは違う状況、つまりコロナ禍で、ＩＣＴは、急激に、一気に進みましたね。休校措置になった場合にも授業を保障しなくてはならない、その準備はすぐにやらなくてはいけませんでした。

佐々木　学校での対応は、感染予防と併せて教育の保障もあるわけですね。

田淵　私が勤務する特別支援学校では、感染拡大を予防するために、全校朝会などは、スタジオのような部屋を作り、そこから各学年や各学部が分散・集合している７～８カ所の教室に配信しています。物理的には離れ離れですが、心理的には一体感が生まれています。また、職場見学なんかも、１人の職員が出張し、それを中継して校内の生徒が視聴して質疑応答することもあります。

佐々木　コロナ禍という危機的状況がＩＣＴの普及を加速させる好機となりましたね、期せずして…。このことは、社会全体にも言えそうです。

田淵　一気に進みましたね。それから、校内での動画コンテンツを作って、個人のタブレットを使って家庭にいてもそれを視聴することができるようにもしています。従来は、タブレットの使い道として、教科学習での活用を想定することが多かったのですが、遠隔でのコミュニケーションのツールとして私たち教師の意識も大きく変わりましたね。

佐々木　今のところは、タブレットが教師側のツールとなっているということでしょうか。

田淵　いえ、そこに留まるものではありません。例えば、医療的ケアが必要な子どもは、感染症が心配なので主治医の指示に従って、活動の場を分けることがあります。みんなと一緒に活動がしたい、その子どもにとって集団に参加するために必要なツールになっているわけです。音楽室で活動するみんな

の様子を見ながら、タブレットを操作して活動に参加するというようなことがあります。その子どもにとって集団に参加するために必要なツールになっています。

大森　僕が関わっている学校でも、同様のことがありました。中学部の男子生徒で、その特性から集団場面に参加することがつらいという生徒がいたのですが、別室にいながらも遠隔でつないで参加したということです。医療的ケアということ以外でも、心理的あるいは適応上の事情から参加しにくい子どもにもよさそうですね。

東　その発展として、「分身、アバター」の時代になろうとしていますね。分身ロボットを教室において、離れた場所にいる本人が、自分で操作して活動に参加するということがあります。単なる場の共有からもう一歩進んでいく。

田淵　そうですね。来年度、訪問教育部に入学する子どもで、健康上の理由から登校自体が難しいとのことでした。分身ロボットを使って入学式を一緒に、と思っていました。

佐々木　いいですね。

田淵　ただ、分身ロボットを購入する予算がネックですね。もちろん、それがかなわなくても、オンラインでの参加を何とか実現したいと思ってます。

佐々木　ＩＣＴは、技術的には今までは能力を補完するということへの着眼が多かったかもしれませんが、今や活動を保障する、参加を保障するということが実現されていますね。これは、これまでの技術の発展によるもので、理念的にはずっと目指されてきたことではあります。例えば、2009 年に名古屋先生を事務局長として岩手大学で開催した日本発達障害学会の研究大会では、重度障害の方が入院しているベッドからインターネットを用いて、大学の授業のゲストスピーカーを務めたり、外部の方とメールで交流をしたりされていることを報告されました[4]。この取り組みは、当時の通信技術の到達点だったかもしれません。理念の実現までの距離は、この10数年の間に、ずいぶん縮んでいると思います。

● 使いたくなる、使った甲斐がある

佐々木　さて、ＩＣＴの導入によって、参加の保障という成果がある一方で、情報活用能力を高めるという一般的な教育の目標もあるわけです。実践上、両者はどのようにつながっていますか？

田淵　コロナ禍という切羽詰まった状況にあって、教師も、子どもたちもツールを活用するという技能の必要感が高まっている。参加の保障ということは大きな教育的な価値ですが、それを実現するために、情報活用能力の基盤の１つである、情報機器を活用する力というのは向上し、皆が上手に使えるようになっているように思います。

東　うん、うん。

田淵　そもそも高等部生徒には、自立活動充実事業という岩手県の施策によって、タブレット端末が１人１台配布されていたのですが、ＧＩＧＡスクール構想によって、小中学部の児童生徒にも、１人１台の機器が配布されました。それには、万が一、本体を落としても大丈夫そうなクッションがついているので安心して使えます。

佐々木　まずは物理的な堅牢さが、安心して使用できる条件ですよね。（笑）

田淵　機器に触れる子どもたちの様子を見てると、例えば、地図を使って知り合いの家を探す子どもがいました。「この子はこんなことに興味があったんだ」「そんな操作を覚えるんだ」という発見がありますね。また、人前で字を書くことが苦手だという子どもが、タブレットで文字を書くことで学習に参加できるようになりました。どうやら、はみ出したり間違えたりしても、自動調整しきれいに書けたり、はみ出した部分が消えたりするので、修正の労力が少ないというのがいいようで、「これを使えるなら字を書きます」と話していました。

佐々木　なるほど、失敗を恐れる必要がない状況や、うまくできるという技能が保証されることで、学習への参加も進むわけですね。

田淵　それから、写真ですね。校外学習で各人が撮影してきて、それを持ち帰って、教室でみんなで見合って、感想を交流しあうような学習の展開ができています。

東　写真などの画像は、だれもが使いこなしていますよね。感覚的に操作できるっていうのがいいよね。カメラで撮って、即すぐ見られるし、大きくも小

さくもできる。簡単にたくさんの画像を持ち歩くこともできる。このような技術について、あっという間に普及しましたね。

佐々木　20年前は、デジカメとプリンターとラミネーターが「三種の神器」、なんて言われたりしていましたよね。撮影したものをＰＣに取り込んでプリントして、ラミネート加工して写真カードとして使用する、というようなことが当時最先端の教材づくりでした。

東　今や、だれもが、スマホ1台でできる。今やＩＣＴが学校教育以前に、日常に入り込んでいる。

佐々木　障害とは関わらず、だれにでもというような、ユニバーサルなメリットとして理解できますね。とにかく、使うことを支えるべく興味関心が出てくる。使った甲斐があるということの保障があることが素晴らしいです。

2

ＩＣＴ、そこにあるもの

● ＩＣＴの裾野

佐々木　障害に応じた、独自的の取り組みとして考えた場合にはどんなことがあるでしょうか。

名古屋　基本的には準ずる教育をやっている学校では、通常の教育と同様の活用の実態があるでしょう。それから、情報保障という点では、視覚障害や聴覚障害ではかなり早い段階から注目されたと思います。視覚障害の分野では音声入力や文字情報の読み上げが開発され、普及しました。聴覚障害の分野では、メールという文字情報の活用ですね。これらは携帯電話やスマートフォンの普及に伴ってのことでした。肢体不自由の分野では、運動の障害を補う形で、文字入力やクリックなどいわゆるスイッチ操作として、筋電スイッチや視線入力などの方法の開発と普及がされていますね。

佐々木　岩手でも数年前に特別支援教育におけるＩＣＴの利活用を学び合う教師の研修団体が結成され、活動をしています。そこでは、スイッチ操作に関わって、岩手大学の理工学部の先生方や県内企業との技術連携なども模索されています。

名古屋　あとは、発達障害分野でも注目はあるでしょうね。

佐々木　そうですね。見やすさ、聴きやすさなど学習課題に注目しやすいようなデザインや仕組みや、漢字学習であれば、パーツごとの組合せを操作的に試行錯誤できるなどの学習教材の開発もありますね。

名古屋　ＩＣＴの裾野の広さを感じますね。それぞれの障害の固有の教育的ニーズに応じた活用が進められていますね。通常の教育に準ずる活用の仕方がベースにあり、それぞれの障害分野での固有の使い方が開発されているというのが近年の動きですね。

佐々木　知的障害教育における固有の使い方として、大森君の先輩である中軽米さんの論文[1]では１つの実践的な答えを提示しようとしました。

大森　作業学習での支援の手立てとして、タブレットを用いたものでしたね。

佐々木　そう。使用者である生徒の認知特性と、使用目的としての活動内容を明確にした上で、アプリを選定し、状況に応じてアレンジして利活用した実践です。ともすれば、ＩＣＴ機器の使用の目的も定まらず、休み時間の余暇活動として使用されることが散見された時期がありましたので、目的的利活用の実践事例として参考になると思います。

東　今、学習活動として有効な活用を求める時期に、間違いなく進んでいますね。

● 新しい、当たり前

名古屋　10 年スパンで考えると、私は以前、授業参観の際に手書きのメモからデジタルメモに切り替えたのですが、ＰＣを教室に持ち込んだときに、かつては、子どもがそれを気にしてしまうから、遠慮してほしいと、現場でご指摘いただいたことがあります。それが近年では、全くなくなりました。子どもたちも、大人も、だれも気にしなくなりました。

田淵　環境として当たり前になって、だれも興味を持たなくなりましたね。

名古屋　デジタルネイティブといったらいいでしょうか、物心ついたときからデジタル機器があることが当たり前の子どもたちがいます。

東　かつては、携帯電話が、パソコンが、そして、今やスマホがあることも当たり前の状況ですね。教師も世代によって、現状に追いつけない人もいるでしょうね。

佐々木　ＰＣなどを持って歩くことが不自然でなくなってきたという話題に関して、少し懸念することがあるんです。例えば、スマホでスケジュール管理をしているのですが、対面の会議中、日程調整が必要で、スマホでスケジュールを開く。そのとき、私の視線は画面にくぎづけになるのです。スケジュール帳を持ち歩いていたときは、ぱっと開いて、相手の目を見ながら、紙面を見てペンを走らせていました。それができないのです。その振る舞いって失礼ではないかと思います。

名古屋　私も、会議でも気心知れた間柄でないとスマホでメモを取ることを遠慮することがあります。スマホで遊んでいるわけではないのですし、ノートでメモを取っている人と同じことをしているのですが、やはり上の年代の方

がいるときには、気をつけるようにしています。マナーとして考えるならば、相手が不快に思えばマナー違反ですからね。

東　うん、うん。大学生は、授業中スマホ出していますね。授業に関連することを調べているのかな？と思ってみますけどね。（笑）今や「授業中はしまいなさい」と一律に言いにくいときもあります。

名古屋　このことは、今、まさに転換期なのだろうと思います。次第に、それが当たり前になっていくものと思います。

大森　当たり前が変わっていく、新しい当たり前、ニューノーマルができあがるということですね。

● 買い物学習の、新しい当たり前

佐々木　ICTが当たり前になるならば、教育は、授業はどのように変わっていくでしょうか。

東　例えば、買い物学習ね。これまでは、お金の種類や金額の計算を勉強してお店に行く。商品をレジに持っていって、財布からお金を出して支払って、お釣りをもらってとやってきたわけです。これからは、買い物学習では電子マネーの使い方を学ぶ必要があるのかもしれませんね。既に子どもたちの日常はそうなっている場合もあるでしょう。教師の発想もこれについていかなくてはいけないのかもしれません。どうでしょうか。

佐々木　この席上で、最も若い世代である大森さんは、買い物どうしていますか？

大森　僕は、現金、カード、電子決済システム、全部併用していますね。

佐々木　今のところ、世の中では多様な決済方法がありますから、相手次第で併用せざるを得ないともいえます。一方で、現金払い以外を積極的には選ばない人もいそうです。私がまさにそうで、いろいろ新しいことを取り入れること自体を面倒に思ってしまうのかもしれません。学校で、授業ではどうですか？

大森　1学期に参加させていただいた授業では、現金をチャージして使うカードを使っていましたね。児童一人ひとりが1枚ずつ持っていてそれを使って決済するというやり方でした。小銭を出し入れする動作がなく、カードを出してスキャナーにタッチするだけなので、また、家庭でもそれを使っている

とのことでしたので、スムーズに買い物が進みました。

東　それだと、お釣りの扱いを考える必要もないしね。

大森　はい。生活する分にはそれでいいのだと思います。でも授業の反省会では、先生方から、実物としてのお金の概念を基礎とした上で電子マネーという無形のものを取り扱った方がよいという話もありました。

佐々木　なるほど、その考えには共感します。でも、もしかしたら、デジタルネイティブではない世代の私たちの、物理的なお金をベースにした発想に過ぎないのかもしれません。今後、電子的なお金をベースにした、新たな指導内容や方法が生み出される可能性はあるのではないかとも思います。それこそが、新しい当たり前としてね。

田淵　ある校長先生が話していたんだけれど、校内から起案があって、「買い物学習でバーコード決済したい」というのがあって「こんな時代になったのか、支出伺いをどのように書けばいいのか、と戸惑った」と言っていました。

大森　新しい当たり前としての会計業務も求められますね。

田淵　そう思うと、買い物に限らず、ＩＣＴというのは、電卓とか掃除機とか歯ブラシとか、生活必需品と同じような位置づけであり、「改めてＩＣＴを活用します」っていうことじゃない。「生活の中にすでにある、当たり前にあるから使う」という生活感覚が大切ですね。

佐々木　学校生活でも、かつては自在帯と座敷帯で掃除してたけど、今クイックルワイパーとか、掃除機ですよね。それと同じそうですね。

東　そのうち、お掃除ロボットじゃないですかね。（笑）

□□■

ＩＣＴ、つかいこなし

● デジタルとアナログ

佐々木　授業づくり、生活上の支援として、もっと日常的な活用の例はありますか？

田淵　日常的に目にすることが多いのは、教師側の活用ですね。教師の伝達の手段としての活用です。ある子どもに対して、スマホで教師が「これ、これ」と画像を提示すると子どもが納得するという場面があります。そもそも、言語的な説明よりも、視覚情報で示された方が理解しやすいということなのでしょう。スケジュールやタイマーの提示などをして、活動の見通しを伝えることがありますね。

佐々木　これらは、従前もあった内容ですね。紙や写真をラミネートして作ったりしていた。

名古屋　私たちがアナログでやってきたことが移り変わっていったものです。私たちの生活でも、調理の際、紙のレシピを使っていたのに、タブレットでＰＤＦを表示することがありますよね。

佐々木　一方で、このような道具のデジタル化は、それ自体が支援の手立てとして必ずしも優れているわけではないでしょう。例えば、タブレットの画面では小さすぎるとか、拡大すると全体像が見えなくなることが不便と感じる人もいます。道具に合わせるのではなく、使用者に合わせて道具が選ばれるべきで、デジタルがすべてに勝るとは言えません。その子どもに合わせたものを作れたらと思います。

東　本当にタブレットじゃなければだめなの？タブレットがいいの？という自問自答も大切ですね。子どもにとっては、両方の経験も意義があるかもしれません。例えば、ＩＨで料理を作るという経験、キャンプで薪で火を起こして料理をする経験からそれぞれの良さを知ることにもなるでしょう。

名古屋　そうですね。デジタルとアナログの二項対立ではない。授業において、

パワーポイントでプレゼンをすることも定着しましたが、これは、そのとき見るべきものが示されるからわかりやすいが、次々スライドが示されるのと同時に、次々と前のスライドの内容は視界から消えていくわけです。

大森　そうなんですよね。

名古屋　授業が終わってから、プリントアウトしたスライドを一覧して掲示するようなことをすれば、子どもたちは後から見返したり確認したりしやすくなります。デジタルとアナログに優劣はなく、必要に応じているかどうかが問われるわけです。

東　その子どもに合わせた道具が選べる、それを教師が見いだせることが大切ですね。まさに、中軽米さんの論文[1]で主張されたように、子どもの見取りと、それに応じた手立てとしてのＩＣＴの選択、開発を軸にしたわけですね。

大森　話し言葉がない子どもで、幼児用の知育玩具を使って「お・は・よ・う」と音声を出してやり取りしていた中学部の生徒がいました。あるとき、その玩具に換えて、タブレットで同じことをやり始めたんです。中学生にはタブレットの方が似合うでしょう、自然でしょう。と担任の先生がおっしゃっていました。日常における自然さ、年齢相応、場面相応ということ[5]を実現するということも確かに考えられているなと思いました。

佐々木　この子どもにとっての必要性とそれに応じた必然性のある手立てということですね。そして、大森さんが言うような自然さということも加えて、それらを私たち教師は、説明できることが大切です。子どもを中心として考えていくということです。これは、一般的な手立ての開発と同じです。

● 誰もが使えることの裏返し

東　ＩＣＴ機器をだれもが使えるようになったことで、2歳になった孫がタブレットで動画を選んで見ている。電車の動画とかね。指先で大人と同じ動作で操作するんですよね。

佐々木　2歳になればもう操作しますよね。うちの息子もそうでした。人差し指で見たいものをタップする。私がタップするその指先を見ている。私は最初それを指差しができていると思ったんです。でも生活場面で、「あれ、見て、ハチの巣があるよ」と少し離れた場所を指差したときに、息子は「どこ、ど

こ？」と明後日の方角を見ている。大人の指差しで、対象を共有できていな
い、とそのときに分かりました。タブレットを前にした指差しのポーズは、
タップする動作であって、本当の指差しではないんだなと思いました。

東　うん、うん。

佐々木　デジタルによって、新しい発達や感覚も出てくるのかもしれないし、
逆に遅れたり、ずれたりするものもあるかもしれない。

名古屋　新しいテクノロジーが出れば、確実になくなるものもある。しかし、
現在も紙の本がなくならない。紙の良さもあるのでしょう。私たち教師が生
身でやっている中にはそういう価値もあるのでしょう。子どもたちはタブ
レットを使いながら紙に戻ることもある。蛇口のデザインはどうなるでしょ
うか。センサーで非接触のものもある。レバーを上下させるものもある。ひ
ねる蛇口もある。ひねるものは相対的に減っている。世の中の変化には、私
たちが対応していく必要があります。

田淵　誰もが使えるようになったことの裏返しで、現実としてトラブルも生じ
ますね。特別支援学校に限りませんけれど、高校生ぐらいになると、自前の
端末で、家庭で、様々なトラブルがあります。SNSとかね。

名古屋　ICTの活用上、注意すべき点として、セキュリティの問題は避けて
は通れません。テクノロジーの発展に、ルールが追い付いていない面があり
ます。これは通常の教育も含めてですけれど、学校で管理するにあたり安全
を担保しなければならないでしょうね。ネットの世界は管理が及ばないとこ
ろまで来ている。テクノロジーの発展に、ルールやリスク管理が追い付いて
いないのが現状ですね。

東　詐欺被害やいじめなどの事例もありますしね。

佐々木　リスク管理と有用性の両立を求めたいですね。その上で、セキュリティ
を重視することに異議はないのですが、それに伴う不便さはよくよく語られ
ますね。大森さんも参観した学校で、その話を聞いてきたばかりですね。

大森　そうですね。県から配布されたタブレット端末に、使用したいアプリを
インストールしたいときに、校内の管理担当である情報部にお願いして、様々
な手続きで1ヶ月かかるということでした。

佐々木　先生方は気をもむでしょうね。それだったら、私物を用いてしのいだ
り、逆に使うこと自体をあきらめたりすることもありそうですね。それは新
たなリスクをもたらします。前者は、管理外の端末の導入という技術的なリ

スクです。後者は、必要な支援の喪失という教育的なリスクです。

● あたかも、ＩＣＴは…

佐々木　結局、知的障害教育におけるＩＣＴとは、何なのでしょうか。

東　合理的配慮の手立てとして、一人ひとりに合わせたものとして将来的には当たり前になるＡＩの発展もあるだろう、子どもたちの能力の補完や拡張ということにもなるでしょう。

大森　ＩＣＴの導入は、学習活動内容の充実と、参加の保障ということがあると思いました。必要なときに必要なことで使うことが大切だと思いました。教師にとっては、支援の手立てを考えるときに、その選択肢が増えたということだと思います。

田淵　将来のためにＩＣＴを学ぶというよりも、今の生活のためにこれを使うといいよということを大切にしたいと思います。躍起になって「ＩＣＴを使いましょう」と言っているうちに、この呼び方自体もなくなるのではないかと思う。生活を豊かにするツール、技術というニュアンスの呼び名に代わっていくのではないかと思います。

名古屋　ＩＣＴは、現在においては２つの側面から考える必要がありそうです。１つは、支援の手立てとしての側面です。目標を実現するために、ＩＣＴのこんな機能が使える、という判断と使用が求められます。ここでは、使うことを目的化しないことが大切ですね。

東　ＩＣＴを支援の手立てとして、受け入れ、使いこなすためには、教師が学ばないといけないところですね。

名古屋　もう１つは、教育内容としての側面です。生活の中にある道具として使用することの学習であれば、子どもにとっての知識・技能の側面で考えられます。このとき、私たち教師は、生活のリアルさに敏感であることが必要でしょう。

田淵　生活の中にある生活必需品として、テレビ、冷蔵庫、掃除機、ノート、服やカバンと並列ですね。

名古屋　あたかもそれらと同じように、ＩＣＴを「普通に使う」ということ。「普通に使う」ことを支えていくことこそが生活の自立を目指す知的障害教育なのだと思います。しかし、「普通に使う」ということについて、技術の進歩

が目覚ましいですから、それに対して私たち教師は敏感でありたいですね。そうでないと、道具に使われてしまいます。ＩＣＴの活用が教育の中で目的化されてしまうことではいけない。

田淵　コロナ禍でＩＣＴの活用について、だれもが必要感をもった。その感覚はやはり大切ですね。それがないと、調べ学習の道具などという限られた機能の活用だけで止まってしまったかもしれません。

佐々木　すでに生活の中にある内容であり、そして、それは生活活動を成し遂げるための手立てという側面があるということ。その認識によってＩＣＴがあたかも教育に新しく付加されたかのように「ＩＣＴを使って授業をしなくてはいけない」と考えてしまう思考に留まることなく、そこから一歩抜け出せそうな気がします。

〈文献等〉
1）中軽米璃輝・佐々木全・東信之（2020）知的障害特別支援学校中学部の作業学習におけるＩＣＴを活用した実践事例．生活中心教育研究，35，37-43.
2）文部科学省（2021）ＧＩＧＡスクール構想の実現へ．https://www.mext.go.jp/content/20200625-mxt_syoto01-000003278_1.pdf（2022/3/24参照）
3）文部科学省（2020）特別支援教育におけるＩＣＴの活用について．https://www.mext.go.jp/content/20200911-mxt_jogai01-000009772_18.pdf（2022/3/24参照）
4）川住隆一（2010）重度障害児・者と地域をつなぐ取り組み．発達障害研究，32（1），34-41.
5）佐々木全（2016）手立ての自然さ、生活中心教育研究，27，65-68.

第 **5** 章

授業づくり各論、自立活動の針路とそれを巡る授業者の語り

（来訪者紹介）

名古屋 恒彦
（植草学園大学
発達教育学部教授）

最上 一郎
（特別支援学校副校長）

坪谷 有也
（特別支援学校教諭）

大森 響生

佐々木 全

　研究室の窓は、外気との温度差で薄く曇り始めました。すると、室内の二酸化炭素濃度の上昇を知らせるアラームが鳴り響き、**名古屋**と**大森**と私は、談笑を続けながらも立ち上がり、窓を開けました。換気のとき。寒冷地にあっても外気温を度外視した「新しい生活様式」です。

　寒気が流れ込む室内で、談笑を続ける私たちの視線は、窓の外彼方に**坪谷**の姿をとらえていました。その奥には**最上**の姿も。キャンパス内の圧雪と凍結路面、スリップしないように膝を浅く曲げて歩く姿は、この地域で生活する私たちにとって必須の知識・技能です。

　最上も、坪谷も私にとって初任校の先輩でした。仕事も教わりましたが、草野球も教わりました。最上がエース、坪谷は４番、私は程よくベンチを温めたのちにセカンド。その後、最上は「いわて子ども主体の知的障害教育を学ぶ会」会長として、坪谷は教職大学院の第一期生として、新たな関わりを得ています。

　それにしても、熱を帯びた自立活動を巡る語りとは対照的な季節です。

知的障害教育の場合、学習活動の実生活化は、各教科等を合わせた指導において主に展開されてきましたが、もちろんそれにとどまらず、教科別に指導を行う場合や自立活動の時間における指導を行う場合にも、学習活動の実生活化が図られてきました。[1]

　特別支援学校小学部・中学部学習指導要領によれば、自立活動は「個々の児童又は生徒が自立を目指し，障害による学習上又は生活上の困難を主体的に改善・克服するために必要な知識，技能，態度及び習慣を養い，もって心身の調和的発達の基盤を培う」ことを目標としている。

　その上で、指導計画の作成と内容の取扱いとして「個々の児童又は生徒の障害の状態や発達の段階等の的確な把握に基づき，指導の目標及び指導内容を明確にし，個別の指導計画を作成するものとする。その際，第2に示す内容の中からそれぞれに必要とする項目を選定し，それらを相互に関連付け，具体的に指導内容を設定するもの」としている。

　ここでいう第2に示す内容と、6区分（「健康の保持」「心理的な安定」「人間関係の形成」「環境の把握」「身体の動き」「コミュニケーション」）とそれらの下位項目である27項目が示されている。

　知的障害教育における自立活動の実施に際しては、「自立活動の時間における指導」のみならず学校の教育活動全体を通じて行われることが多い。このことは、学校教育法施行規則第130条第2項に示される、「知的障害者である児童若しくは生徒又は複数の種類の障害を併せ有する児童若しくは生徒を教育する場合において特に必要があるときは，各教科，道徳科，外国語活動，特別活動及び自立活動の全部又は一部について，合わせて授業を行うことができる」との記述に基づく。このことについて、しばしば、各教科等を合わせた指導と自立活動の指導との内容の関連や区別が不明確になることが懸念される。

　このような課題を背景としつつ、自立活動をどのように理解し、具体的な授業を構想し、実施したらよいでしょうか。この問いを巡る私たちの対話は、自立活動を取り巻く教師の逡巡から始まりました。

お断り　本章は、実際の語りの内容を基に再構成したものです。一部の具体的なエピソードについては、個人や団体が特定されないように改編または表記しました。

自立活動のカタチと、ナカミと、メガネ

● 思考停止

最上 過去に、ある教師からこんな相談を受けました。「生活単元学習に入れない生徒がいます、なので、自立活動にしていいですか？」と。ちょっとちょっと待って、と思いました。「その生徒がなぜ生活単元学習に入れないのか？」とか「そもそも生活単元学習の授業づくりにおける課題はないんですか？」と訊ねましたら、「いやもう限界です」と。

佐々木 なるほど、辛い状況のようですね…それ以上の思考が働かない状況と察します。

名古屋 知的障害特別支援学校の自立活動の実践においては、注意しなければいけない点です。重複障害のある子どもの場合では、自立活動を主とした教育課程が編成でき、そこでは各教科の一部を行わず、自立活動をもってそれに代えてよいという規定が伝統的に存在していますが、それを安易にやってはいけないということですね。

最上 そうなんです。しかし、それをやる以上はきちんと根拠をもってほしいのです。そのために議論したり模索したりしてほしいのです。

坪谷 自立活動に限らずですが、子どもの姿から根拠を見取り、それを踏まえ目標設定し指導内容を考えていく必要がある。まして、教育課程を変えようとするならば、緻密さや丁寧さがより求められますね。

最上 その先生には、「生活単元学習ができないから自立活動」と考えるのではなく、「この子どもにとって、今この指導内容が必要だから自立活動をするのです」という説明が必要であることを伝えました。

佐々木 「子どもが、生活単元学習には入れないから自立活動を」という話は、表現を変えて、ときどき聞こえてくるロジックですよね。

坪谷 わかります。例えば、「もっと自立活動で、ゆったりした方がいい生徒がいる」という発言です。比喩的な表現だとわかりつつ、「自立活動って、ゆっ

たりするものか？」と思う。そもそも授業の目標があるのに。

名古屋　自立活動の内容ではなく、集団指導になじむか、個別指導になじむかという指導の形態の話にもつながることがあります。それは自立活動を考える上で大きな間違いです。「この内容に取り組む」ということが先にあるべきで、それを実行するために指導の形態をどう作るかということが決められるべきですね。

佐々木　自立活動のカタチは、指導方針や内容というナカミに規定されるということですね。

大森　このような議論が、同僚の先生同士でもできればいいですね。

佐々木　そうですね。最上先生は、当該の先生との間で、対話というか、議論を展開しています。このことは、教師の思考を再起動し導く上で大事な点でしたね。思考停止を開放したり、安易な判断を抑制したりすることになるでしょう。そういう同僚や、先輩が、これから教職に就こうとする大森さんの周りにもきっといるはずです。

大森　心強いです。

● 知的障害に対応する自立活動

佐々木　知的障害の教育課程における自立活動と、それ以外の障害種、視覚・聴覚・肢体不自由・病弱の教育課程、つまり「準ずる教育課程プラス自立活動」における自立活動、そのナカミの大きな違いにはどのようなことがあるでしょうか。

名古屋　自立活動のルーツは、1970年度版の学習指導要領の改訂で「養護・訓練」として設定されたものです。その時点から一貫して変わらないのは、知的障害以外の四障害に関しては「主たる障害」に対応するという認識です。つまり、それぞれの障害種に固有の教育的ニーズに対応することが目指されました。

大森　「準ずる教育課程」で一般的な各教科等の指導をし、それに加えて「主たる障害」への対応をするって…、例えば、視覚障害であれば、白杖の使い方や点字の学習をするということですか。

名古屋　そうです。準ずる教育課程による各教科等の指導では、子どもたちの教育の内容としては十分ではありません。それを補うのが、養護・訓練、す

なわち自立活動です。

坪谷 視覚・聴覚・肢体不自由・病弱は、知的な能力に対応する通常の各教科の内容に取り組みつつ、「主たる障害」には自立活動が対応することは分かります。一方で、知的障害の場合、それ自体が「主たる障害」です。この場合、自立活動の内容は、どのように考えられますか？

名古屋 知的障害の教育課程において、自立活動は、主障害である知的障害への対応ではなく、知的障害に随伴して起こる状態に対応することが目指されました。例えば、運動や情緒などへの対応です。これは現在の学習指導要領でも変わりません。その理由は簡単で、主障害である知的障害への対応は、そもそも各教科の内容を知的障害独自の内容として設定したことによってなされたためです。

坪谷 なるほど、主たる障害である知的障害への対応は、各教科の内容自体でなされたのですね。

最上 確かに、知的障害には独自の各教科の内容自体として、生活との関わりが明確な教科内容が設定されています。結果として、自立活動では、知的障害に随伴して起こる状態への対応が標的とされたのですね。

佐々木 抜け目のない設計で感心します。

● どの眼鏡でみるのか

佐々木 知的障害教育における、自立活動の実施のカタチの特徴はいかがでしょうか。自立活動の時間を特設して実施するか、特設せずに教育課程全体を通じて実施するか、いずれの実施形態も選択できるということがありますが、それも知的障害の教育課程の特徴でしょうか。

名古屋 それは、各教科等を合わせた指導との関わりから導かれた特徴ですね。各教科別の時間を特設する場合があります。いわゆる教科別の指導ですが、各教科等を合わせた指導を実施しない場合は、自立活動の時間における指導も設けなければいけません。

大森 各教科等を合わせた指導に、自立活動を合わせて実施することで、自立活動の時間を特設しないということができるわけですね。

佐々木 それでは、各学校ではどのように自立活動が進められているでしょうか。

最上　私の学校では、教育課程上は教育活動全体で行うことにしてあり、時間を特設していません。

坪谷　僕の学校の通常学級でも同様です。ただし、重複障害学級では、自立活動を中心とした教育課程の類型を採用しています。

大森　僕が実習や参観のためにうかがっている知的障害特別支援学校でも、坪谷先生の学校と同様に通常の学級と重複障害学級では異なります。

佐々木　両方の教育課程があることも珍しくないですね。それらのうち、大森さんが主に関わっているのは、自立活動を特設せずに行っている学級ですね。そこでの自立活動の実施状況についてどのような印象をもちましたか？

大森　はい。一見すると自立活動の指導内容をどの場面で取り組まれているのか、部外者の私にはわかりませんでした。例えば、ある児童の個別の指導計画によれば、その生徒は、発音が不明瞭でコミュニケーションが難しいことがあるとのことで、ジェスチャーとか手話を補足的に使用してコミュニケーションをすることが目標とされていました。担任の先生方にお尋ねしたところ、朝の活動で取り組んでいるとのことでした。

佐々木　なるほど。それは、各教科等を合わせた指導である、日常生活の指導の中で取り組まれているということになりますね。

大森　そうですね。また、教科の中で自立活動に取り組むということもあるそうです。そもそも、この学校では、教科における自立活動の実践を研究テーマとしているようでした。

坪谷　校内研究のテーマとしていることで、教師の意識は高まるでしょうね。研究授業ではどのような授業が提案されるのですか？

大森　教科別の指導として設けられた国語の授業を参観しました。ここでは、国語の目標と自立活動の目標の実現を同時に目指されていました。それから、作業学習の中で自立活動を含めて、という授業も参観しました。このような取り組みって難しいなと感じました。

最上　うん、1つの授業の中で、各教科等の目標と、児童生徒一人ひとりの自立活動の目標があるということですね。

坪谷　例えば、作業学習で、言語表出のない生徒が身振りとかで、他者と関わるとするとか何かを伝えようとするといった姿が見られた場合には、自立活動の6区分27項目（**表1**）における「人間関係の形成」の内容であるとの理解になるかと思います。

佐々木 私たち教師の観点を操作する必要がありますね。子どもの姿をいくつかの観点から見て、あるいは考えるならば、それぞれに目標や評価の記述ができるわけです。観点別評価の要領にも共通しますね。

大森 自立活動を観点として、あるいは、各教科を観点として…、必要に応じて、様々な「眼鏡」で見るということですね。

表1　自立活動における6領域27項目(特別支援学校小学部・中学部学習指導要領)

1．健康の保持
　(1) 生活のリズムや生活習慣の形成に関すること。
　(2) 病気の状態の理解と生活管理に関すること。
　(3) 身体各部の状態の理解と養護に関すること。
　(4) 健康状態の維持・改善に関すること。

2．心理的な安定
　(1) 情緒の安定に関すること。
　(2) 状況の理解と変化への対応に関すること。
　(3) 障害による学習上又は生活上の困難を改善・克服する意欲に関すること。

3．人間関係の形成
　(1) 他者との関わりの基礎に関すること。
　(2) 他者の意図や感情の理解に関すること。
　(3) 自己の理解と行動の調整に関すること。
　(4) 集団への参加の基礎に関すること。

4．環境の把握
　(1) 保有する感覚の活用に関すること。
　(2) 感覚や認知の特性への対応に関すること。
　(3) 感覚の補助及び代行手段の活用に関すること。
　(4) 感覚を総合的に活用した周囲の状況の把握に関すること。
　(5) 認知や行動の手掛かりとなる概念の形成に関すること。

5．身体の動き
　(1) 姿勢と運動・動作の基本的技能に関すること。
　(2) 姿勢保持と運動・動作の補助的手段の活用に関すること。
　(3) 日常生活に必要な基本動作に関すること。
　(4) 身体の移動能力に関すること。
　(5) 作業に必要な動作と円滑な遂行に関すること。

6．コミュニケーション
　(1) コミュニケーションの基礎的能力に関すること。
　(2) 言語の受容と表出に関すること。
　(3) 言語の形成と活用に関すること。
　(4) コミュニケーション手段の選択と活用に関すること。
　(5) 状況に応じたコミュニケーションに関すること。

● 自立活動の見方

坪谷　僕は立場上、先生方が作成した個別の指導計画に目を通すのですが、場合によっては、先生方が記した自立活動の目標について、「6区分 27 項目のフィルターを通したときに、どこに当てはまっているの？」と問い返すようにしています。

佐々木　その問い返しは、「自立活動の眼鏡をかけてみて」というメッセージですね。それが先生方の思考や言語化の促進になりそうです。

坪谷　まさにそう、それを意図しているのです。例えば、「自分の伝えたいことを相手に伝わるように話すことができる」という指導目標を、自立活動の目標としてとらえるべきか、教科別の指導の国語の目標としてとらえるべきか。生徒の詳細な様子を把握している先生方に訊ねなくてはならないと思います。

最上　やっぱり、子どもをよく知る、直に知っている先生方だからこそその考えや判断ですよね。

坪谷　はい。対象の生徒との関わりが少ない僕には判断できないと思いますので。そして、「自分の伝えたいことを相手に伝わるように話すことができる」という指導目標が、学習上や生活上の困難に基づくものであり、生活における成功体験の乏しさによって、それが発揮されにくいとするならば、自立活動における「コミュニケーション」として指導目標にできるのかなとも思います。また、知的障害を前提としつつも、必要な学習内容として考えられるならば、国語科の内容だと理解します。

佐々木　そのような自立活動の目標内容、すなわち、自立活動のナカミについて、検討する姿勢は教師間で共有しておきたいですよね。

● 切り分け

佐々木　知的障害教育においては、平たく言うと、各教科等を合わせたカタチで自立活動のナカミを指導するということが多く、また特徴でもありました。

名古屋　そのことについて、今や、自立活動は、各教科等を合わせた指導でやっている、という主張だけで済ますことはできない。「やっているって言っているだけ」かもしれないだろう、という批判には、誠実に応えていかなくて

はいけません。ちゃんと一人ひとりに合った内容が設定されて取り組まれているかということが説明され、「漫然とやっていることへの批判」を受け止める必要はあるでしょう。

坪谷　「各教科等を合わせた指導でやっているから」という主張に対しては、各教科の取り扱いにおいても同様ですね。「本当に国語や算数をやっているの？」という声があり、それに対する説明が求められています。

最上　そのような説明は、田淵先生が手掛けた単元構想シートを用いて説明するということが開発されました*。一方で、自立活動ではどうでしょうか。

名古屋　自立活動を考える際に、2つの切り分けがポイントです。難しさといってもいいでしょう。その1つは、「主たる障害」である知的障害に随伴する個別の諸課題を、切り分けて考えにくいということです。

大森　ここでは、対象の子どもをいかに見取るかが問われますね。例えば、コミュニケーションの場面を例に挙げても、知的障害ゆえに応答しにくいのか、知的障害に随伴して起こっている個別の諸課題ゆえに応答しにくいのか、判別しにくいですね。

名古屋　もう1つは、教科別の指導なのか自立活動の指導なのかという内容の区別という意味での切り分けです。

大森　指導内容における区別、自立活動の6区分27項目と、各教科の内容の突き合わせが求められますね。先の「自分の伝えたいことを相手に伝わるように話すことができる」という例でいえば、他者の質問や働き掛けに対して応答するという指導内容は、自立活動における6区分27項目のうち、コミュニケーションに該当しそうですが、一方では国語科の内容であるとも考えられるわけですね。

名古屋　そして、これら2つのことを、判然とさせようとして、無理に切り分けると、生活しにくくなってしまうこともある。

坪谷　テーマのある学校生活から、逸れるような訓練的な取り組みや、こじつけのような活動になることが心配されますね。

名古屋　しかし、その辺りは、単に難しいところだからといって、議論や実践をやらない方がいいということではなく、きちんと整理し取り組んでいかなくてはいけません。

＊解説コラム参照（P53〜56）

□■□

自立活動の立ち振る舞い

● ほとんど「コミュニケーション」「人間関係の形成」？

坪谷　自立活動の内容として、6区分27項目が大綱的に示されたことで、かえって、自立活動の内容や実践のイメージが拡散し、ぼんやりしてきたという感じがします。

佐々木　指導内容が、子どもたちの個別多様な教育的ニーズを包み込もうとした結果でしょうか。

坪谷　はい。その裏目ということなんですよね。教師が指導を考える上で、何をしたら良いか考えにくいとか、考えが深まらないということにもなっているようにも思えます。

最上　その反動でしょうか。ある知的障害特別支援学校で、個別の指導計画における自立活動の目標の内容について見たところ、6区分でいうところの「コミュニケーション」または「人間関係の形成」が全体の5割から7割を占めているとの話があります。例えば、「質問したことに答える」とか、「なぜ？って聞かれたことにちゃんと理由を答えられる」「指示理解できてちゃんと行動までできる」「自分からお願いする」などです。

坪谷　そもそも、教育活動全体で、どの場面でも共通して取り上げやすい内容として「コミュニケーション」「人間関係の形成」が考えやすいのかもしれませんね。

名古屋　5割から7割が「コミュニケーション」「人間関係の形成」というのは、精査が必要かと思います。知的障害の学校であるならば、「コミュニケーション」「人間関係の形成」における内容のかなりの部分が、国語科や生活科などの各教科の内容としてカバーできているはずです。

大森　確かにそうですね。知的障害以外の、重複する障害に基づくものであれば自立活動でよいでしょうか。

名古屋　そうですね。「身体の動き」とかが関わっているならば、腑に落ちや

すいと思うのですが。

最上　学習指導要領でいう「知的障害に随伴して起こる状態とか、顕著な発達の遅れや特に配慮を要する様々な知的障害に随伴する状態」というところを、そもそもみんなで理解していかなくてはいけないですね。

佐々木　偶然かもしれませんが、重複障害の種別として、ＡＳＤが５割から７割ぐらいでしょうか。それが自立活動における、「コミュニケーション」「人間関係の形成」への着目になっているのかもしれませんね。

坪谷　「ＡＳＤ＝コミュニケーション」のニーズという固定観念もありそうですね。それはまた別の意味で気をつけないといけませんね。

名古屋　なるほど、重複障害がある方も増えていますね。しかし、それを否定するものではないですが、指導内容とすれば、やはり各教科、国語等の内容に当てはまりますね。

大森　ある授業で、国語の時間に自立活動を実施していました。対象の児童は、主たる障害が知的障害、加えて構音障害があり、随伴して起こる個別の諸課題として、自分が話していることが相手に伝わりにくい、相手にとっては聴き取りにくい、ということがありました。それで、自立活動の指導内容としてコミュニケーションを設定していました。そして、ジェスチャーとか手話を補足的に使用してコミュニケーションをすることが目標とされていました。

名古屋　国語の第一段階に「伝えたいことを思い浮かべ、身振りや音声で表す」
があるので、これに該当しそうですね。つまり、知的障害の教科内容で対応
可能な範囲では、やはり教科なんですよ。一方で、言語聴覚士によるトレー
ニングなどのレベルであれば、自立活動の内容として考えやすくなりますね。
その場合は、国語と併せて自立活動ということではなく、自立活動の時間を
特設して指導するということがよい場合もあるでしょう。

佐々木　なるほど、自立活動を理解しようとすると、各教科の内容との突き合
わせが必要ですね。

名古屋　自立活動の内容を深堀りすることは、大綱的な内容である6区分27
項目だけを追求するだけでは賄えません。むしろ教科の内容として何がある
のかを十分に把握したうえで、自立活動の必要性を考えて、議論していくこ
とがポイントになるでしょう。

● 助演、自立活動

坪谷　例えば、朝の日常生活の指導で着替え手指を動かしたりすることが困難
な場合があって、ボタン掛けができないという生徒のための自立活動として、
目と手の協応動作を高めるあるいはボタン掛けをする動作を代替する術を、
自立活動として取り組むということがあると思うんですけども、日常生活を
円滑に進めることを課題として、その課題解決を支える自立活動を考えよう
とすることがあります。このような位置づけはいかがでしょうか。

名古屋　それは、昔、いわゆる「配慮養・訓」って言われてたものであって、
現在でも有効な自立活動の指導法の1つです。このことは各教科の指導場面
でもいえることです。例えば、国語の時間に自立活動の内容をやるというこ
とは、国語の目標を達成するために、学習上の困難さが生じることがありま
す。それを自立活動の目標とするということです。

大森　国語の目標が主演で、自立活動の目標が助演ということですね。

名古屋　そうです。国語と、自立活動の目標が別々に存在してるっていう考え
方ではなくて、この目標を達成するためにあの学習上、または生活上の困難
がある。そこの部分は一元的なものでなければいけないと考えていくと、例
えば音読をするっていう活動があるときに、うまく教科書を持つことができ
るように身体的な支えが必要になる。自立活動を主役にしないことによって、

自立活動が生きるっていうことです。

佐々木　生活の文脈の中で自立活動を設定していくこと、不自然にならないということにもなりますね。

大森　取り組みとしての自然さ、不自然さということについて、例えば、作業学習で報告・連絡・相談に取り組むとして、作業学習の本来的な目標に自立活動の内容としての報告・連絡・相談の指導が加わったときに、本来の取り組みを邪魔してしまう、活動を不自然にしてしまうことになるのではないかということです。「少々不自然でも、自立活動で取り組んでいるから、それはアリなのか？」と疑問に感じたことがあります。

佐々木　なるほど、その場合、作業学習の活動がメインで、それに付随する行動が報告・連絡・相談でしょうから、その主演、助演の関係において考えなければならないのかもしれません。作業学習のメインの活動を中断してまで、あるいは、メインの活動がぎくしゃくするような頻度や強度で、自立活動としての報告・連絡・相談を入れこもうとすれば、不自然になるわけです。そこは気をつけたいですね。

最上　もちろん、そこでも報告・連絡・相談について、国語なのか自立活動なのかという内容の精査ということの必要はついて回ると思います。それをクリアした上での話ですね。

大森　そうでした。ひとまず、それをクリアしたことを前提としての話です。

佐々木　おまけの話です。作業学習における個別の指導計画において、報告・連絡・相談が目標になっている事例に時々出会います。これについての対処も考えられますね。そもそも、私は作業学習における個別の指導計画の目標は、メインの活動である作業内容で考えたいのです。

坪谷　報告・連絡・相談が自立活動の内容であるとして、作業学習の目標と切り分ける、書き分けるということですね。

□□■
自立活動のアラワシ

● やはり生活化

名古屋 やっぱり自立活動でも、知的障害の教育の基本は生活化することが大切です。それをしていくと、カタチの上では、限りなく各教科等を合わせた指導に近づいたり、教科別の指導に近づいたりするわけです。

坪谷 先ほどの「配慮養・訓」、主演と助演の考えも、生活化と相性が良さそうですね。

名古屋 学校によっては、生活単元学習のような自立活動をしているということもあるでしょう。それを生活単元学習と呼んだ方がいいでしょうし、教育課程上、自立活動を堅持したいならば、自立活動といってもいいでしょう。自立活動が生活上学習上の困難を克服することをうたっていますので、それは、生活化を指向していることです。ほとんどどころか、100％生活単元学習に見えることもあるでしょう。そして、自立活動の充実は、生活を豊かにしていくということでしょう。

最上 やはり、各教科等を合わせた指導に接近しますね。また、6区分27項目について、その中で、必要なものを選定し組み合わせて具体的指導内容とするということも、生活化への接近として理解しやすいように思います。

佐々木 そのような、自立活動の体現、「表し（アラワシ）」は、私たちにはなじみがありますね。逆に、特設した自立活動におけるアラワシについてはいかがでしょうか。可能な限りの生活化ということを考えたいなと思うのですが。

大森 う〜ん、生活化ということを考えることを、自然さを大切にするということ、自然な生活にしようとすることがポイントになるでしょうか。

佐々木 なるほど、自然に生活に溶け込めば生活化に接近しますね。具体的な実践のイメージはどうですか？

大森 例えば…、国語の時間、ある児童だけ特別に何かをやってるわけじゃな

くて、その活動内容が他の児童と共有されてもいいと思います。例えば、国語の時間、例えば「電車」っていうキーワードをつかって授業が進んでいたとします。対象の児童は、電車を手話で表すことが自立活動の課題になっている。それをみんなとも共有するようなことです。その児童だけでなく、みんなで確認しお互いに使っていくというのはどうでしょうか。

佐々木　確かに、個人のことが共有されていくということは、自然に見える要件の１つかもしれないですね。コミュニケーションということは、そもそも双方向性のものですから、対象児童だけの取り組みではなく、対象児童を取り巻くコミュニティーとしての取り組み、つまり、やりとりという両者を包括した取り組みになることが有益ですね。

名古屋　時間における指導を特設することがある身体障害系の自立活動に関しては、そのようなニーズを的確に見取り、対応しようとするならば、必要性と必然性ゆえに、不自然さは緩和されるむきもあります。

最上　そうですね。重複障害学級を含め学年合同で体育をしているのだけれど、重複障害学級の子どもたちは、教育課程上は自立活動であり、競技種目によっては別メニューになるということがあります。その際は「できないから別」という切り分け方ではなく、活動内容の選択のような感じで、必要性と必然性をもって授業を展開することがいいですね。

佐々木　なるほど。部分的にセパレートするわけですね。もちろん逆の言い方もありそうですね

坪谷　重複障害学級の子どもたちが自立活動で取り組んでいる内容をベースに、他の学級の子どもたちが生活単元学習に関わっていく。例えば、学校祭でのステージ発表を共にしたり、作業学習で協働したりということですね。

大森　生活化において、協働とか共有ということが大切なんですね。そのためには、必要性や必然性、自然さ、ということを考えていく。

佐々木　それは、まさに生活の文脈ということですね。しかし、生活の文脈と切り離して、淡々とやるべき訓練的なものもあるでしょう。そういうのは生活日課として、生活のテーマを邪魔しない位置づけで展開するということにも気を配れればと思います。一般的な例ですが、繁忙期の仕事の傍ら、淡々と毎日ジョギングの日課をこなす人もいますからね。

坪谷　もしかしたら、そのジョギングが体を仕事モードに切り替えていくという、意識の上での、助演的な効果もありますよね。生活化とは、様々な生活

活動の総体的な関連のなかに見出されるのかもしれませんね。それって、その人にとっての生活の文脈といえます。

● 思考の追体験

名古屋　自立活動の重視は、各教科等を合わせた指導の中で「子ども一人ひとりへのきめ細やかな指導がおろそかにされているのではないか」という危惧に端を発し、これまでも繰り返されてきた議論です。自立活動固有の問題というより、教育課程全体で考えていく必要がありますね。

最上　はい。そのためには、教育課程を具体的に展開していくための年間計画や単元計画が重要ですね。それが、生活の文脈を作り出し、自立活動を生活化するのだと思います。

佐々木　そのアラワシとして、私たち教師は、個別の指導計画を作成します。ここまでの私たちの議論は、「何を書くか」という自立活動の内容面、ナカミに関するものでした。個別の指導計画の作成を考えることは、「どう書くか」という技術面の議論にもつながります。自立活動の目標を決めて、手立てを書く要領はありますか？

大森　先生方同士が、子ども一人ひとりのことを日常的に話しているときなどに、その子どもの教育的ニーズが確認されていくなかで、目標も絞られているのかもしれません。そんな話し合いのなかで、6区分27項目がメガネとなり、自立活動の目標が形になっていくように思います。

最上　まさにそれを構造化して実施しようとするのが、学習指導要領に示された「実体把握から具体的な指導内容を設定するまでの流れの例（流れ図）」でした。そして「それを実際に使ってみた」という岩手大学教育学部附属特別支援学校での取り組みがありますね[2][3]。

佐々木　そうです。そもそも、「流れ図」は、開発者の思考の流れを追体験するものです。ですから、それに慣れることが必要です。そこでは、「要領に即していけば思考の流れに乗れる」という経験をします。しかし、その全段階では、「要領に即しても最初からスムーズではないけれど、何度か思考の流れを経験することで、思考の流れ自体に慣れて、徐々にスムーズに取り組めるようになる」というプロセスを多かれ少なかれ経験します。実は、「流れ図」の使用に取り組んだ先生方は、思考の流れに乗ろうと努めましたが、

要領自体を自分たちの思考の流れに引き寄せた方がうまくいきそうだと考え
ました。

大森　それで、「流れ図」について、岩手大学教育学部附属特別支援学校の先
生方が、自分たちにとっての改善点を見いだし、「流れ図」をアレンジした「指
導内容の設定要領」が開発されましたね（**図**）。僕も、少し関わらせていた
だきました。

坪谷　学習指導要領が出た直後の時期で、着手が早かったですね。「流れ図」
の詳細で明快な説明をした『自立活動ハンドブック 1』（ジアース教育新社）[4]
が刊行される前の話ですね。

佐々木　そうです。とにかく学習指導要領を読み込んで、実践していましたね。
ここでは、「指導内容の設定要領」は、表計算ソフトで作成したワークシー
トに記入をしていくということです。

坪谷　この開発のプロセスは、自分たちの思考の流れを、メタ認知的に検討す
ることにもなり、実践的な意義のある取り組みだったのではないでしょうか。

自立活動における指導内容の設定要領　（使用例）

図　指導内容の設定要領

●「実」をあらわさないカチカチの文章

坪谷　この「流れ図」やそれをアレンジした「設定要領」は、自立活動におけるナカミ、具体的な指導内容を焦点化することが目的だと思います。「どうするのか」という支援の手立てについては、やはり考えなくてはいけませんね。

最上　そうなんです。アラワシの本体、個別の指導計画の書き方については、その質向上の必要が指摘されることがあります。その１つには、文章表現ということもあるでしょう。

名古屋　「書き方がまずくて授業がわるくなっている」という場合と、「授業はいいのだけど個別の指導計画の書き方がまずい」という場合があるでしょうか。記述の要領を示すことで、授業が改善されるとか、授業のよさが説明しやすくなるということになるのであれば有意義でしょう。

坪谷　いい授業しているのに、文章はカチカチになってしまうということがありますね。書くという行動自体に、構えが出てしまうんでしょうね。

大森　文章のフォーマットや、観点があるだけでも書きやすさは変わりますよね。附属特別支援学校では、「～しやすいように、～する」という文型で支援の手立てを書きます。

佐々木　例えば、高等部木工班のある生徒に対する個別の指導計画では「所定のサイズの部材の切り出しを、安全、正確に、時間いっぱい繰り返し取り組むことができる」という目標に対して、支援方法の一つが「安全に取り組めるように、電動のこぎりの刃を囲む防護板を設置する」「正確に切り出せるように、部材の位置を固定するガイドを設置する」などとされた場合、「～しやすいように」として支援の意図が示され、「～する」で具体的な手立ての内容が示されています。

大森　これは、僕たち実習生にとってもいいと思いました。思考の流れが生まれ、手立てを具体的に言葉にすることが促されます。

坪谷　それから、支援の三観点*の使用を僕は勧めています。コト・モノ・ヒト、これに加えて、事前、事中、事後という時間の流れ、タイミングも掛け合わせて考えることを勧めています。

大森　それを促すためには、後方視的対話**の経験もいいと思います。「支援の手立てとして、コトで考えるとどのようなものがありそうですか？」とい

＊解説コラム参照（P127〜128）
＊＊解説コラム参照（P145〜147）

うような問いかけによって、思考が進み、発想が生まれます。

佐々木　個別の指導計画の作成を対話的にやる、省察的にやるということがトレーニングになりますね。これは、日常の教師同士の協働の一端として、ＯＪＴにもなりますね。話し言葉ゆえに、カチカチな言葉ではなく、柔らかく「実」をあらわす柔らかい言葉になると思います。

坪谷　そもそも、言語化されていない個別の指導計画もありますよね。後方視的対話は、それを言語化したり書き起こしたりすることにもなります。

佐々木　そうですね。

坪谷　また、個別の指導計画自体が、まだ記されていない時期がありますよね。年度初め、子どもと出会って、個別の指導計画を書く以前にもそのことの時間は流れているわけです。僕たちはその中で子どもの姿を見取りながら関わり、関わりを修正しているわけです。今日の取り組みを振り返れば、個別の指導計画に相当する内容が含まれています。

最上　そうですね。書いていないから児童生徒一人ひとりに対する手立てがないわけではない。まずやってみるということの中で、手立てが生まれ、改善されていく。その上でやったことを振り返って意味づける、言語化するということですね。

佐々木　結局、やってみる、振り返る、次のことを考える、という循環する取り組みですよね。ＰＤＣＡサイクルは、どこから始めてもいい。結局、循環すればいいのですから。

● カリキュラム・メイキング

佐々木　自立活動に限りませんが、個別の指導計画は、その子にとっての個別具体の教育課程のデザインともいえそうです。この単元においては、各教科等を合わせた指導がどう関わっているか、そして自立活動がどう関わっていくかをデザインする。最前線のカリキュラム・マネジメントですかね。

名古屋　それはむしろ、カリキュラム・メイキングといえるでしょう。カリキュラムの内容自体を作り運用していくということですね。メイクして、それをマネジメントする。メイキングがあってのマネジメントですからね。

最上　その後方支援として、学校教育目標などの大きなカリキュラム・マネジメントですね。

大森　僕は自立活動をあいまいにとらえていたということを反省しました。今日、背景や仕組みを学びましたので、消化して現場でやりながら考えていきたいですね。

佐々木　それではどのような点に、注意してメイキングしましょうか。

坪谷　僕の中で確認できたのはやっぱり自立活動、「させられる活動ではない」文脈の中でその自立活動自体にもやっぱりこう主体的に取り組むような、そんな学習内容手立て、それを準備できれば。特別支援学校教師のスキル、職能であると思います。その辺りをやっぱり高めていかなければ。

最上　そのためには、教師同士で対話ができることっていいことだと思いました。いろいろな考えを交える、そういう職場だといいですね。深まります。学習指導要領の「知的障害のある児童生徒の教育的対応の基本」として示されている 10 項目（**表2**）、あれを常に忘れないっていうことが大切なのかなっ

表2　知的障害のある児童生徒の学習上の特性等（特別支援学校小学部・中学部学習指導要領）

> 　知的障害のある児童生徒の学習上の特性としては，学習によって得た知識や技能が断片的になりやすく，実際の生活の場で応用されにくいことや，成功経験が少ないことなどにより，主体的に活動に取り組む意欲が十分に育っていないことなどが挙げられる。また，実際的な生活経験が不足しがちであることから，実際的・具体的な内容の指導が必要であり，抽象的な内容の指導よりも効果的である。特に，知的障害が極めて重度である場合は，視覚障害や聴覚障害，肢体不自由など，他の障害を併せ有することも多いので，より一層のきめ細かな配慮が必要となる。
> 　さらに，教材・教具や補助用具を含めた学習環境の効果的な設定をはじめとして，児童生徒への関わり方の一貫性や継続性の確保，在籍する児童生徒に関する周囲の理解などの環境条件も整え，知的障害のある児童生徒の学習活動への主体的な参加や経験の拡大を促していくことも大切である。
> 　このような特性を踏まえ，次のような教育的対応を基本とすることが重要である。
> ①児童生徒の実態等に即した指導内容を選択・組織する。
> ②児童生徒が，自ら見通しをもって行動できるよう，日課や学習環境などを分かりやすくし，規則的でまとまりのある学校生活が送れるようにする。
> ③望ましい社会参加を目指し，日常生活や社会生活に必要な技能や習慣が身に付くよう指導する。
> ④職業教育を重視し，将来の職業生活に必要な基礎的な知識や技能及び態度が育つよう指導する。
> ⑤生活に結び付いた具体的な活動を学習活動の中心に据え，実際的な状況下で指導する。
> ⑥生活の課題に沿った多様な生活経験を通して，日々の生活の質が高まるよう指導する。
> ⑦児童生徒の興味・関心や得意な面を考慮し，教材・教具等を工夫するとともに，目的が達成しやすいように，段階的な指導を行うなどして，児童生徒の学習活動への意欲が育つよう指導する。
> ⑧できる限り児童生徒の成功経験を豊富にするとともに，自発的・自主的な活動を大切にし，主体的活動を促すよう指導する。
> ⑨児童生徒一人一人が集団において役割が得られるよう工夫し，その活動を遂行できるよう指導する。
> ⑩児童生徒一人一人の発達の不均衡な面や情緒の不安定さなどの課題に応じて指導を徹底する。

て思います。対応の基本を押さえた上で、学習活動を展開しましょうということだと受け止めているので、10項目を踏まえて教科別の指導や各教科等を合わせた指導、そして自立活動を進めてしていきたいですね。

名古屋　新しい学習指導要領のキーワードを反映させていくことも大切です。例えば、自立活動における「対話的・主体的で深い学び」をどう自立活動で実現していくかということです。対話的な学びは協働性を前提とします。自立活動の内容としては個に応じるものですが、指導形態はかならずしも個別であるわけではない。みんなと一緒の活動の中でも児童生徒一人ひとりに対するきめ細やかな指導が実現されていることが大切です。知的障害教育における、各教科等を合わせた指導において自立活動をも併せて取り組んできたことは、むしろ一日の長といえるでしょう。いずれ、学習指導要領の文脈で自立活動を取り組んでいくことです。

佐々木　ありがとうございました。自立活動を考えることは、児童生徒一人ひとりのことを考えること、そして、知的障害教育の独自性と魅力を考えることにもなりました。

〈文献等〉
1）名古屋恒彦（2018）アップデート！各教科等を合わせた指導．東洋館出版社，実生活化ページ
2）中軽米璃輝・田淵健・佐々木尚子・大森響生・原田孝祐・藤谷憲司・中村くみ子・阿部大樹・岩崎正紀・及川和恵・日當友恵・佐々木千尋・細川絵里加・齋藤絵美・田口ひろみ・柴垣登・上濱龍也・鈴木恵太・滝吉美知香・東信之・佐々木全（2020）：知的障害特別支援学校における「自立活動の個別の指導計画の作成と内容の取扱い」の実践要領の開発（1）．教育実践研究論文集，7，86−92．
3）中村くみ子・藤谷憲司・佐藤佑哉・細井奈美江・小原一志・中村真淑・阿部大樹・岩崎正紀・及川和恵・日當友恵・佐々木千尋・細川絵里加・齋藤絵美・北村かおり・熊谷美智子・沼崎悠華・佐々木尚子・大森響生・原田孝祐・柴垣登・上濱龍也・鈴木恵太・滝吉美知香・東信之・佐々木全（2021）知的障害特別支援学校における「自立活動の個別の指導計画の作成と内容の取扱い」の実践要領の開発（2）教育実践研究論文集，8，108−115．
4）下山直人監修　筑波大学附属桐ヶ丘特別支援学校・自立活動研究会編著（2021）よくわかる！自立活動ハンドブック1　指導すべき課題を導く．ジアース教育新書．

解説コラム 支援の三観点

　支援の三観点とは、知的障害教育における授業づくりの要領の一部として示された内容[1]を汎用的にビジュアル化したもの[2]である。具体的には、コトは「活動内容の設定と展開の工夫」、モノは「道具と場の設定」、ヒトは「伝達と共感」を意味し、これらの支援の手立ては、目標の実現に資するべく、有機的かつ相補的に機能するものとして図のように示される。

　図中の上段には、教育目標が示される。それを実現するために支援の手立てが構想される。それが、中段にある支援の手立て「コト」「モノ」「ヒト」である。下段には、それを下支えする「題材理解」と「子ども理解」がある。

　具体例を挙げる。教育目標として挙げるのは、生活単元学習で取り組んだ運動会における個別の指導計画の目標「入場門作りでは、レンガに見立てる段ボールを定型、定サイズに切り出す作業工程を担当し、目標数を目指して、裁断機を安全かつ正確に操作し、繰り返し取り組んでほしい。」である。

　この実現のために、教師は題材を研究し、その子どもの見取りに努める。その上で、支援の手立てを具体的に構想する。「コト」では、「作業手順を習得・習熟しやすいよう、なじみのある材料の切り出しを担当し、毎日定時に繰り返し取り組む。」が挙げられた。下線（実線）を付した箇所は「活動内容の設定」といえ、下線（破線）を付した箇所は「展開の工夫」といえる。

　「モノ」では、「段ボールの切り出しを安全に取り組めるよう、刃先に触れない構造の裁断機を用いる。」が挙げられた。これは、「道具の工夫」である。また、「作業のペースをつかみやすいよう、切り出した段ボールを渡す相手（塗装担当）と隣り合う位置に作業場を設置する。」が挙げられた。これは、「場の設定」といえる。

　「ヒト」では、「作業動作のコツを把握してすすめられるよう、作業の開始時に教師が手本を示し、確認を促す。」が挙げられた。これは、「伝達」といえる。また、「作業動作を一定のペースで繰り返し取り組みやすいよう、隣席で同じ作業を担当する教師が必要に応じて"いいペースだね"とか"もう少しで○○枚だね"などと声がけをする。」が挙げられた。これは、承認、励ましなどのメッセージであり、「共感」といえる。

　以上の手立てが有機的・相補的に機能し、目標が実現されることになる。

　支援の三観点は、教師にとって、次の３つの意義があると考える。

　①授業者が支援の手立てを構想する際の観点になること。すなわち、『実施

する授業において、どのような手立てがあるだろうか…「コト」では〜、「モノ」では〜、「ヒト」では〜』と思考を巡らせるわけである。

②参観者が支援の手立てを探索する際の観点になること。すなわち、『参観する授業では、どのような手立てがあるだろうか。…「コト」では〜、「モノ」では〜、「ヒト」では〜』と思考を巡らせるわけである。

③授業者が支援の手立てを振り返り、評価、改善する際の観点になることである。『支援の手立てのうち、「ヒト」による手立て（作業のコツを随時指示する）よりも、「モノ」による手立て（補助具の設置）の方が伝わりやすかった』とか、『自分の授業では、「ヒト」による手立て（指示）が多かった。子どもに対してやや過剰な関わりになっているように思えるから、「モノ」による手立て（工程表の提示）があれば、子どもが自らの判断で活動できそうだ』と手立てを分析的に振り返り、その効果を評価し、改善が進むわけである。

　なお、支援の手立ては、活動の「事前」「事中」「事後」いずれかのタイミングで講じられるものでもある。例えば、「事前」の手立てとして作業手順の検討と設定、「事中」の手立てとして補助具の活用、「事後」の手立てとして活動の成果に対する声がけ（フィードバック）などである。したがって、支援の手立ての「コト」「モノ」「ヒト」は、「事前」「事中」「事後」というタイミング「トキ」と掛け合わせることで、支援の手立てをより豊かに構想したり探索したりすることができる。

〈文献等〉
1）名古屋恒彦（2004）子ども主体の特別支援教育をつくる生活中心教育入門. 大揚社.
2）佐々木全・加藤義男（2008）高機能広汎性発達障害児に対する「エブリ教室」の教育実践に関する報告（第八報）—参加児童の自立的・主体的な活動を支える, IEPのあり方の検討（1）—. 岩手大学教育学部附属教育実践総合センター, 7, 195−216.

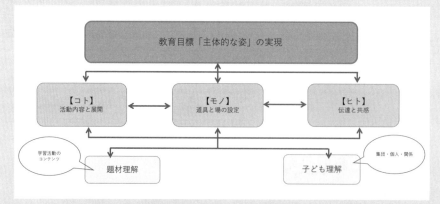

図　支援の三観点　※「国際生活機能分類—国際障害分類改訂版—」（日本語版）における「ICFの構成要素間の相互作用」の概念図（厚生労働省ホームページ https://www.mhlw.go.jp/houdou/2002/08/h0805-1.html　参照 2022/10/19）を参考にして作成。

授業づくりの担い手の胸の内、それを巡る授業者の語り

（来訪者紹介）

東 信之
（教職大学院特命教授）

最上 一郎
（特別支援学校副校長）

坪谷 有也
（特別支援学校教諭）

大森 響生

佐々木 全

私と**大森**が雑談をする研究室。

　最初のノックは、**坪谷**。手土産の木製ベンチは、中学部木工班で製作したもの。研究室の作業台の上に置くやいなや、「座面の張り合わせの工法は…」「塗料の種類は…」などと私との木工談義スタートです。

　次いで、**最上**が到着すると、木製ベンチを切り口に、坪谷が手がけた新設校準備から現在の運営の状況へと話題が広がりました。

　「ど〜も〜」と**東**がドアを開けました。２室挟んだ横並びの研究室からの来訪。「やってますね〜」と木製ベンチの構造をのぞき込み、木工談義が再燃です。この温度そのままに、授業談議へと移っていきます。

今日に満足し、明日を楽しみに待つ生活であれば、活動や生活に見通しが持てて，意欲的に取り組める。意欲的な取り組みは、自発的・主体的取り組みと自立的取り組みを促す。このような生活の実現によって、子どもたちの学校生活は充実・発展し、豊かな成長が約束される。[1]

　知的障害教育においては、生活自体を教育の手立てとしています。そして、それは、生活のための教育といえます。「今日に満足し、明日を楽しみに待つ生活」を教師は、授業づくりによって産み出そうとします。

　そこには、授業者としての教師の姿は、どのように見えるのでしょうか。また、それを実現するためにどのような仲間の支えがあるでしょうか。この問いを巡る私たちの対話は、それぞれの体験を背景に始まります。

お断り　本章は、実際の語りの内容を基に再構成したものです。一部の具体的なエピソードについては、個人や団体が特定されないように改編または表記しました。

■□□

授業づくりの担い手

● 授業に関わる立場の様々

佐々木 授業づくりについてそれぞれのお立場からのお話をいただきたいと思っています。仮にこのメンバーが1つの学校にいたならば、大森君は新人教師、坪谷さんや私は学年長とか主事主任。最上先生は副校長、東先生が校長ですね。

大森 管理職の先生方は授業しませんよね？

佐々木 基本的にはそうですね。でもここでは授業づくりって多層的に考えます。授業者チームの中でいわゆるＴ１として、授業の構想や実施をリードするのは、やっぱり坪谷さんですね。実際にバリバリ取り組んでいますね。そして、Ｔ２としてチームに入るのが大森さんかな。その後には、大森さんがＴ１になって、坪谷さんがＴ２としてフォロワーになると思うけど。直接的に授業づくりをするのはこんなメンバーですが、そのチームをバックアップするのが最上副校長先生や東校長先生です。管理職の先生方は、間接的に応援してくださるわけです。

東 もちろん私もＴ１やってましたよ。昔はね。（笑）

佐々木 東先生には、当時のことを思い返しながら、授業づくりへの関わりや思いをうかがいたく思います。

最上 やっぱり立場が変わると、授業づくりをする先生方への関わりを考えるようになりましたね。

大森 今年度から副校長になった田淵先生も同じことをおっしゃっていました。

● チーム・ティーチングの機能

佐々木　さて、最近の授業づくりの状況をざっくばらんにお話しいただいて、それを切り口にスタートしたいなと思います。坪谷さんいかがでしょうか。

坪谷　本校は、開設2年目で、ようやく作業製品販売会を行いました。準備したベンチ30脚を完売して、子どもたちも大変喜んでいます。売れて嬉しいという子どもたちの言葉もあり、やっぱり販売の機会が子どもたちの活動の意欲を育む上でも重要なんだなというのを再確認したところです。

佐々木　坪谷さんは、今、気概と経験知、理論知に満ちあふれ最も授業づくりに力を注ぐ教師としてのライフステージにいるのでしょうね。

坪谷　そうかもしれません。子ども主体にこだわる教師になりたいと、これからもあり続けたいと考えております。その子なりの主体性を教師がしっかりと見取り、支援していくこと。それが確かな実践につながると思って授業づくりをしています。

東　坪谷さんの木工の授業が目に浮かぶようです。

坪谷　具体的に授業をどうつくっていくかということなんですけども、木工作業をイメージして、話したいと思います。T1として大きくやることは、できる状況づくりと見取りです。例えば現状を把握して、課題や目標を明確化する。その上で、授業者チームの先生方について、それぞれの強みを生かした配置とか役割を分担する、工夫するわけです。

佐々木　授業の下準備ということですね。授業者チームの経営といってもいいかもしれませんね。

坪谷　できる状況づくりと見取りですけれども、補助具づくりや、人の配置とか、そういったところ。それから、見取りというのは評価の対象を絞り、子どもたちの現状や学びの成果を把握することですが、やはり、授業全般に言えることは、子どもとの関わりの中で、うまくいかないことがありますが、それは、教師の思惑と学習者の現状にずれが出る状態です。それをしっかりと認めて、その要因を探って、また、次のできる状況づくりにつなげていく。それが授業づくりのポイントだと考えています。授業者チームの教師一人ひとりの見取りの精度を高めるためにも、あるいはその先生方の見取りのずれをなくすために、複数の教師によるチームでの教育、チームティーチングが必要になります。この知的障害特別支援学校という職場では、もう既にチー

ムティーチングという強い武器が備わっていますので、その武器がうまく使えているかどうかが重要です。

佐々木　チームティーチングって聞くと、授業を一緒にするっていう実務の面を重く理解しておりましたけども、坪谷さんには、チームティーチングによって、お互いの見取りの精度を上げるとか、ずれを解消していくという、教師研修、ＯＪＴ機能みたいなものかをご提案いただきました。

● 目標がチームを１つにする

最上　私が附属特別支援学校の中学部にいたときに、中学部全体で開校30周年記念の記念品を作るという単元に取り組んだこともありました。あのとき、１つの目標に向かったということがよかった。当時の先生方は、それぞれ教育に対する考え方、子どもへの指導・支援の考え方は異なっていたのかもしれませんが、とにかく、その製品を作らないと、その行事自体がうまくいかないというか、盛り上がらないという思いがあり、それが原動力になりました。

佐々木　目標がチームを１つにするってことありますよね。

最上　やっぱり子どもたちと同様に、私たち教師もテーマや必然性というか、そういうのがないといけませんね。何かに向かって思いを１つにするということが大事なのかなと思いました。学部全体という大きな集団ですけど、学級での活動であったとしても同じです。学部に比べれば学級活動というのは小さくなりますけど、担任どうし考え方をすり合わせ、その活動で子どもたちと教師が同じ思いを持つような単元づくりをしたいですね。

東　そこには、子どもだけではなく、先生方の主体的な姿もありますね。

坪谷　教師の主体性って大事ですよね。そもそも授業づくり、見取りとか、できる状況づくりについて、主体的にやること、検討する主体性を持たなければ、授業づくりはできないと思います。

佐々木　その意味でやはり原動力となるのは目標の共有なんですね。

□■□ 「生単、苦手なんです」って

● ガラッとよりも少しずつ

佐々木 最上先生は、今の副校長というお立場で、その授業者に対して、どんな授業づくりをしてほしいとお考えですか？

最上 うちの学校では、2年目の先生方、3年目の先生方が5人います。2年目の人たちは授業研究会を2回、3年目の人たちは1回やることになっています。嬉しいことに、今年度全部で8回の授業を見せていただきます。

佐々木 授業研究会が、やはり教師の研修内容として大切にされているんですね。

最上 授業研究会には、授業に関わった副担任の先生たちも来て協議も盛り上がります。一方で、授業者をどうサポートするかということについては、難しいと思う面もありますね。ある授業者から「生活単元学習の授業は苦手なんです」って言われたことがありました。その先生に対して、なんと言ったらいいのか。その考え方をガラッと変えるためには、なんて言ったらいいんだろうと思うほど、何も言えませんでした。仮に、ワーッと解説や説得的なことを言ったところで、伝わるとは思えませんでしたしね。

佐々木 今の「生単、苦手なんです」っていう思いって、心の中にある人たちは、潜在的に多そうですよね。

東 で、その先生にはどうしたの？

最上 後日、その先生の授業参観をしました。お好み焼きづくりの単元をやっていました。自分たちでつくって、注文を取って、校内の先生方に配るという進め方をして、2年目にして十分な授業だったなと思ったので、率直にその授業の良いところを伝えました。あとは、具体的に単元の進め方とかをその先生に向けつつ、参加されていた学部の先生方にも伝わるよう、具体的な単元づくりや、展開方法としての繰り返しのよさなどのポイントを話しました。ガラッと変わるものでもないでしょうから、少しずつでもその先生の苦

手意識が変わっていけばと思っています。

● 現場で支えるリーダーシップ

佐々木　「生単、苦手なんです」って言う先生方にかける声って、それぞれの立場によって違うと思うんですよね。最上先生が今、助言のタイミングとか内容とかをかなり検討されて動いたということですけれども、もうバリバリのＴ１の立場だったらなんて言いますか。

坪谷　難しい話ですけれども、ぼくが考えるのは「現場で支えるリーダーシップ」です。グイグイ引っ張って「ついて来い」じゃなくて。有名な言葉としては、山本五十六の格言をもじって「やってみせ、言って聞かせて、させてみせ、ほめてやらねば、人は育たない」、「話し合い、耳を傾け、承認し、任せてやらねば、人は育たず」という感じです。授業というのは、児童生徒も飛躍と停滞の連続で、思いどおりにいかないので、そこで臨機応変にやる力が必要ですよね。じゃあ、それをどうやって高めていくか。結論を言うと、「試合に出すしかない」というのが今の考えですね。試合の中で、その現場で伝えていく。そこで何を伝えるかという言葉は、その時々で言葉を選びますけれども。

佐々木　これはまさに文脈の中で学ぶという考えですね。同僚としての言葉ならば、「次の単元、うちのクラスと一緒にやろう」みたいなこともありますね。

● 型とどうつきあう？

大森　坪谷先生がおっしゃっていたことに反するかもしれないんですけど、その学校、学校の生単も、あるいは学部、学部の生単の型みたいなのがあるような気がしています。新人教師として授業を作ろうとするときに、他の先生がやられている授業を見て、それを最初はまねする、型をまねするところから始まるのかな、なんて想像して、それをいずれ、型を破って、自分で子どもの実態を見て、授業を作れるようになれればいいのかなと思っていましたが、どうでしょうか。

坪谷　確かに、型どおりにできるような、おなじみの行事っていうのはもちろんあるんです。４月に新入生歓迎会とか、あと、６年生を送る会とか、中３

を送る会とか、そこではもちろん、前後で生単を絡めて校外学習とかね。でも、その上でやっぱり考えてほしい。その型に、今、目の前にいる、本校の子どもたちをはめようとしてはいないか。それは、結局、私たち教師が限られた価値観から脱却できないこと、あるいは、型の中にいると自分が安心だから、その型にはまりたいだけかもしれない。ぼくは、そういうふうに考えて、なるべく、そこを切っていくことをしています。「まずは子どもからだよ」って。だから前任の学校の型にこだわるとか、誰かが言った授業の型にこだわるっていうことではなくて。大森さんが言ってることも分かるし、否定したわけではないんです。その上で、こう考えたいのです。

大森　この型を使わねばならぬというように、考え無しに受け入れるっていうことは注意したほうがいいということですね。

佐々木　うん。目の前の子どもを見るということがその型に含まれているっていうことを確認して使う、あるいはそれが含まれてないのであれば、子どもを見るっていうことを自分で付け加えるということだとよさそうかな。型を使いこなすということこそ大切で、型に縛られるとか、型に使われるのではないっていうこと。それを踏まえるならば、型を示すというのも1つのサポートになることもありますよね。このパターンでやってみたらっていう。そして、その型、これを徐々に発展していくっていうような、そんなことはやはりありそうですね。

● Ｘの楽しさ、子どもと教師の主体性

東　やっぱり授業、特に生単はなかなか難しいというのはそのとおりだと思います。だけども、今は授業でやってることを、楽しんでくださいよって言いたい。教師自身がやっぱり楽しめるような題材であることが、一番大事だと思いますよ。季節とか、地域との関わりみたいなものがあって、その学校で培ってきた単元みたいなのはあるんだけれども、自分自身が、思い描くような楽しいことを盛り込めることを目指してほしいね。

佐々木　東先生が授業者として第一線でやられていた頃はいかがでしたか。

東　附属特別支援学校に着任した当時のこと、数十年前になるね。確かに学校で培った大きな単元が年間計画の中にあったんだけれども、隙間、隙間をみると空白があった。

佐々木　X単元ですね。

東　そうそう。これをうまく使う。子どもを見て、その子どもからどういう単元を構成しようかな、どういう展開にしようかなっていうことに取り組める時期なんです。学級の中に、いろいろな子どもがいるんで、そこの子どもたちが生きるような単元というものをまさに教師が作れるっていう状況。特別支援教育って楽しいなと思ったのは、まず、そこからでしたね。自分がチームの先生と相談しながら組み立てていける醍醐味。それこそ、特別支援教育の世界の醍醐味と感じましたね。

最上　そこが分かると、楽しくなる。

東　それが、教師自身がやっぱり主体的にもつながるでしょう。坪谷さんが言うように、子どもの主体性だけを求めるのではなく、やっぱりまず教師自身が主体的になって活動するということが一番の重要な部分だと思いますよね。

大森　主体性って、教育目標や学習評価の大きなキーワードですけれど、子どもの主体性っていう見方しかありませんでした。そうですよね、教師自身の主体性も、ですよね。

● 仲間とともに

佐々木　一緒に取り組める仲間がいると、教師相互の主体性も発揮されやすくなる。「仲間とともに」ということが知的障害教育で大切にされているけれど、それは教師にも当てはまりますよね。そして、それは、管理職や授業者チームのリーダーなどによっても促進されますね。

最上　まさにそう。うちの学校には子どもたちとともに、十分に活動を楽しむということが染みついている30代の先生がいるんですよ。「なんでそういう考え方ができるの？」って聞いてみたんです。講師時代に、他県にいて、そのときに子ども主体の授業づくりをしている先輩と一緒に仕事をしてきたのだそうです。そのときに「私はこういう授業の進め方がいい」って思ったそうです。その先生の学級の取り組みはやっぱりすばらしい。学校祭のステージ発表の活動も、準備から片付けも子どもたちと先生方がワンチームで全部やった。先生も子どもたちと一緒にステージ発表をつくるものだっていう考え方があるんです。

坪谷　まさに、仲間との出会いなんですね。

最上　そうだね。いい実践に触れるとか、いいモデルに出会うとか、自分の考え方を変えるような、あるいは目覚めるって言うんでしょうかね。意識を高めるような、そういう出会いが大事なんでしょうね。

佐々木　一方で、悩める仲間と「出会ったからには」ということもあるでしょうか。「生単むずかしい」と悩む先生に対して、「いい出会いを待ちましょう」みたいな、ご縁頼み、運頼み、神頼みなんてことありえない。最上先生も、坪谷さんも、出会ったからには、その先生をなんとか支えよう、応援しようとして心を砕かれていますね。

坪谷　僕の今の結論は、「もう伝えるしかない」、ということ。しかも、言葉で。背中で伝えるのではないんですよ。「背中には何も書いてない」って話。で、言葉で伝えるんですけれども。さっき、ぼくが言った、見取りのところも、対話の機会が多ければ多いほど、見取りの精度が上がるって考えています。対話自体がやっぱり今の現場で少ないんだと。まあ、忙しさもあるんでしょう。

大森　やっぱり、そうなんですね。附属特別支援学校の先生方も職員室ではお忙しくしているように見えます。

坪谷　そんな状況だからこそ、対話の機会をつくるというのは、もしかしたら管理職の役割かもしれないし、ミドルリーダーの役割かもしれないし、いずれ、そこで話すスキルと自分から話しかけるスキルを磨くってことかもしれない。職員室に戻って、「今日のあの授業、どうだった？」って、誰かが話しかけないと、対話にならないわけですから。誰も話しかけないと、もうそのまま、その日の授業も終わってしまう。学部会とか職員会議って、行事に関する反省は出すんですよ。でも、当たり前ですけど、日々の授業の反省はでてきません。じゃあ、どこでやるんだ。炉辺談話でやるのが一番。

東　坪谷さんたちミドルリーダーが対話のきっかけを作るというのは現実的だし、若い先生方にとってもありがたいだろうね。

● 対話

坪谷　ぼくは中学部長でもありますから、時間割の調整なんかをして、できるだけ先生方に「空き時間」をつくる工夫をしているんです。それは、その時

間を生徒と向き合うための時間にしてほしいと思ってのことなんです。向き合うっていうのは、直接的じゃなくても、いろいろな向き合い方がある。その１つに生徒のことを話し合う時間とか、教材を作るとかもね。ですが、やっぱり事務作業をしている人が多いですよね。

佐々木　文書作成とか学級会計とか、そもそも必要な仕事ではありますが、これらを時短する余地もあるのでしょうか。一方で、個別の指導計画を作成する時期などには、ＯＪＴで個別の指導計画を一緒に作りましょうなどとして、その事務的に思える作業を対話的にやる、子どものことを話し合う活動として取り組むみたいな、そんな実利的な内容を兼ねた工夫はどうでしょうか。

大森　それって、後方視的対話による個別の指導計画の作成ですね。

佐々木　そうですね。後方視的対話による個別の指導計画の作成は、教師研修パッケージとして考案されたものですが、そもそも、これは、日常の先生方の炉辺談話において語られる、子どもの見取りと支援の検討の精度がよいことが多いので、それをモデルとして、対話しながら個別の指導計画ができるように仕込んだものです*。

坪谷　そんな炉辺談話のよさに注目するとすれば、日常でもいろいろあるかもしれませんね。例えば、担任と副担任の間であれば、連絡帳を書くときに、記入内容を求めて「今日、あの子、どうだった？」なんていうやり取りが自然に出たりする場合もあったりするので、そういうところをちょっと意図して、意識してつくるとか、話すこともいいですよね。

＊解説コラム参照（P145〜147）

□□■
授業者に願う、
そして、託す

● コンサートマスター

東 　教師も子どもたちと同じように、いろいろな人たちですよね。様々な資質・能力をもっていて、様々な経験を積んできている。そんな教師どうしがチームになって授業をしている。それぞれが一生懸命、分担してやってるんだけども、時々ガタついたりすることもあるでしょう。でも、やっぱり全体なんですよね。チーム、さらには学校全体としての力が大切です。木工作業だってそうでしょう？

坪谷 　そうなんです。ここ最近、ぼくが意識していることに「全体最適」と「部分最適」ということがあります。例えば研磨作業の工程がうまくいってもその後の工程で例えば塗装がうまくいかなければそれはいい製品にはならないわけです。「部分最適」つまり、一部の工程が成功しても、木工班全体としては失敗しているわけです。「全体最適」にはならない。教育課程全体でも同じ、一つ一つの単元が大切で、それが学校教育目標の実現につながる。

佐々木 　それがチームでも同じということですね。学校という「全体最適」を目指すことは、まさにチームティーチングで協働してすすめるということになりますね。

東 　そうそう。決して、一人ひとりがスーパーマンになってくださいなんて言っているわけではない。教師それぞれが担う仕事をそれぞれがやっているわけですけど、その様子を改めて全体で見たときに、「あー、うまくまとまってるね」と見える、それだといい授業をやれる学校だなと思えるんです。大森君、バイオリンやってたよね？

大森 　はい。

東 　オーケストラのときでもバイオリン奏者は、いつも弾いてますね。でも、それ以外の管楽器とか打楽器とかは、演奏してないとき、あるでしょう？なんで演奏してないんですか。

大森　そこは別の楽器が演奏する時間だから。休む。

東　ただ、休んでるんですか。

大森　うーん…休みながら、音を出さないことで音楽になりましたね。

佐々木　休憩という意味のオフではないよね。オフはオフでも球技でいうところのオフザボール。ボールを持たない状態、実はこのときのコート上での戦術的な動きが重要なんだよね。

東　そういう考えを皆がもてれば、あるいはそういう気持ちになれる学校であれば、授業も、学校も、一人ひとりの子どもや教師がちゃんと役割を担えるのではないかと思うんです。活躍していないではなく、必要なときにちゃんと音を出すということ。

坪谷　そのとき全体最適の中でちゃんと部分最適も実現されますね。

東　そして、それを全体としてまとめるのは？

大森　コンサートマスター。担任とか、授業者ですね。

東　そうだね。子どもに、「今ですよっ」て、ドーンと合図を出す、そういう場面を作る。それが、教師の専門性なのかな。

最上　それは管理職の専門性でもありますね。教師一人ひとりが自分のその役割っていうものをどう認識し取り組むのかということを支えないといけないと思いました。校務分掌として役割もありますし、授業者チーム内での役割もありますね。その役割を、その先生なりに最大限の力を発揮してやっていくような学校がいいですよね。

佐々木　なるほど、学校全体から見た授業づくりという言い方もできそうですね。授業の中でのチームティーチングを越えて、教育課程全体の運用って考えたときに、教師全員がチームであり、このメンバーで教育課程を運用していくんだっていう、そんなことでもあると思えました。

● いい授業

佐々木　それでは、教育課程を最前線で担う授業者の立場で、あるいは授業者を支える立場で、ご自身が考えるいい授業、それをどうつくるかについて、改めて語るならばいかがでしょうか。

大森　どんな授業をしたいかと言われれば、子ども主体の授業をしたいと改めて思いました。子ども主体の授業っていうのがどんなものかというのを、見

る、あるいは聞くことはあっても、大学院生の僕は、まだ、Ｔ１として参加する、授業づくりをした経験がほとんどない状態です。まずは、その子どもにとっての「主体的な姿」を見取ることが大切なんだなと思いました。見取りの観点として、学習指導要領にある「主体的・対話的で深い学び」ということもあります。これをどう用いているか、僕が今取り組んでいる研究テーマでもありますので、引き続き考えていきたいと思いました。

東　そうだね。大学院修了まであと数ヶ月、実習でご指導いただいている附属特別支援学校の先生方にもいい報告をしたいですね。

大森　そして、どうつくるか。ぼくは、どんな授業者になりたいかっていう問いとして受け止めます。子ども主体の授業づくりをすることは勿論のこと、今日の話題の中では、チームの先生方とのコミュニケーションの大切さを感じました。学校では、お互いの授業に対してコメントしあうというのが、もしかしたら遠慮をなさる方もいるかもしれない。ぼくは、４月から新人教師として特別支援学校で働き始めますが、まず、自分から、「今日の授業をどうでしたか？」って先輩の先生に聞ける、そうやって自分を省みる勇気というか、謙虚さというか、そういうのも持っていきたいなと思いました。

佐々木　その心づもりならば、新人教師の立場であっても、対話の入り口を開くことができそうですよね。

● アンテナ高く

坪谷　僕は、引き続き、子ども主体にこだわって、授業づくりを進めていきたいなと思います。子どもたちの主体性を、目に見える態度とか姿勢で見取る場合もあるんですけども、言葉による表現としても、例えば、「楽しかった」とか、「おもしろかった」とかあるんですけれども、それは言い換えれば、「またやりたい」とか、「明日も学校に行きたい」ととらえることもできます。そうすると、その次の学びに向かう態度、姿勢ということで、それもまた、主体性なんじゃないかなと思います。様々な形の主体性を、アンテナ高く、見取っていきたいなと思いました。

佐々木　ありがとうございました。では、「楽しかった」「またやりたいね」っていう言葉による表現を「言い換える」と話されましたが、その本質的な意味は、その子どもの本音、表現の本意をとらえるっていうことですね。大切

なスタンスを教えていただきました。卑近な例ですが、「なんで、今日、雨、降ってるんだよ」って怒っている子どもに、「低気圧がね…」って天気図の説明をするわけはない。私たち教師は、きっとその子どもの本音をとらえて「雨で遠足いけなくて残念だよね、悔しいよね」って言うんだろうと思います。また、そう言えるためにアンテナを高くありたいですね。

● ともに

東　私は、やっぱり授業は子どものために、子どもを中心に、チームで企画をするということはもうそのとおりなんですけど、その上で授業は、教育課程の中に位置づけられるもの、そして学校生活という時間の中に位置づけられるものですから、そこでの共同生活について全体として大事にして、考えていってほしいですね。もう1つ、家庭との関わりというのもぜひ大事にしてほしいなと。今風に言えば、保護者の方を、ちゃんとリスペクトしているかということね。子どもと一緒に過ごしている、生きてこられたその経験とお気持ちを大切にしてほしい。授業者がそういった気持ちを授業者は持ってないと、なかなか、子どもを一緒には育てられない。「保護者からクレームが来る」という言葉を聞く、あるいはそういう事実が仮にあったとしたら、保護者の立場から言えば、「いたたまれなくて、その挙げ句に来たんだ」と理解し、その真意を見取らないといけない。それがひいては、子どもが安心して授業を受けられることにつながる気がしますね。

佐々木　ありがとうございました。授業と学校生活全体、さらには家庭等との関連という全体的な視野で授業を見ていくということ、「ともにつくる」ということですね。

● 出会い

最上　どんな授業がいいかと言われると、当然子ども主体である授業です。具体的な私のイメージは、子どもたちが「自分から、自分で、活動している姿」なのかな。主体的、主体性を研究テーマに校内研究をやっているんですけど、いざ、授業を見ると、教師がそばで付きっきりだったり、補助がやたら多かったりというような形になってる授業も見受けられたこともありますので、本

当の意味での主体的、主体性っていうものをこれからも伝えていかなければならないんだろうなと思っています。

佐々木　主体的な姿を実現する授業の具体を伝え合って、伝え続けていくならば、教師、子ども両者が互いの主体的な姿と出会っていくことになりますね。

最上　ちょっと、余談ですが、私、東先生が附属特別支援学校で学級担任をされていたときの教育実習生だったんです。

佐々木　え！今日一番の衝撃。それこそが出会いでしたね！（笑）

最上　東先生が教職大学院を定年退職されるこの時期に、このように話ができる機会をいただいて、非常に感激しているんです。東先生にはすばらしい授業を見せてもらいました。今でも実習日誌を持っています。

東　泣きそうになる。（笑）

最上　岩手県が特別支援教育を進める上で「共に学び、共に育つ教育」って言っていますが、私は、いや、そうじゃない、それだけじゃないでしょうって思っています。子どもと教師が共に学び、共に育つということもある。いや、それこそが大切だろうと思っています。この思いを今、初めて口外しましたけど、それを教育実習生の当時に思ったんです。そして今日、東先生のオーケストラの話を聞いて、これはある意味、管理職と教諭も、講師も、介助員や支援員も、いずれ、学校全体が共に学び、共に育つような教育、学び、共に育つような学校運営、教育関係の推進というようなところをやっていかなきゃならないんじゃないかなと思いました。

佐々木　ありがとうございました。今まで、数十年秘めていた、その言葉は本書をもって、全国に発信されることになります。これまで岩手県の特別支援教育をリードしてくださった東先生からの託されたバトンと共に、ですね。

〈文献等〉
1）小出進（1993）講座　生活中心教育の方法．学研，63．

解説コラム 後方視的対話

　後方視的対話とは、個別の指導計画作成を支援する手立ての1つとして、個別の指導計画の作成に不慣れな新人教師を想定して考案された。作成者を語り手、促進者を聴き手として、聴き手の問いかけに、語り手が応えるような対話をもって個別の指導計画への記載内容を産出していこうとするものである。

　そもそも、個別の指導計画は、平成11年3月告示の盲学校、聾学校及び養護学校学習指導要領において、重度障害者の指導や自立活動の指導に当たり作成することとされた。それ以来、特別支援学校においては、一人ひとりの児童生徒に対して、各教科等において効果的な指導を行うために、目標、手立て、評価を個別的・具体的に示すものとして発展、定着してきた。

　この個別の指導計画の作成に不慣れな教師は、「目標」から書こうとして手が止まることを経験しがちである。何を書こうか、どう書けばよいのかという「内容」と「表現」において迷いが生じる。一方、放課後の職員室の炉辺談話ではどうだろうか。今日の授業における児童生徒一人ひとりのエピソードが多く語られるということがある。

　つまり、「目標」から書こうとするのは、PDCAサイクルにP段階における滞りであり、炉辺談話に花が咲くのは、C段階における円滑さである。C段階がそうであるのは、その基になるD段階が遂行されているからに他ならない。

　ここから、2つのことが考えられた。すなわち、①書くことより話すことの方が円滑、②「未だ見ぬD段階」を想定しP段階に着手するよりも「今しがたのD段階」を思い返しC段階に着手する方が円滑、ということである。これに着想を得たのが、後方視的対話である。今しがたの実践を語り合い、それをもとに明日の計画を考えるという流れである。これを、PDCAサイクルに重ねて考えるならば、D（実施）からのスタートである。語るとは、実施状況の評価に当たるので、C（評価）である。そして、それを受けて、明日の取り組みの改善を考え計画するならば、A（改善）とP（計画）につながる。いわゆる、DCAPサイクルである。

　とりわけ、後方視的対話は、聴き手の問いかけに応じながら語り手が、個別の指導計画の記述内容を言語化していく。その過程では、図のような様式を使用する。列方向に「目標」「手立て」「評価」の欄があり、行方向には、「今日」と「明日」の2行がある。「今日」の段は、「評価」「手立て」「目標」という

逆方向に進む。これは「今日のことを振り返る」という意味で「後方視的」である。これを踏まえ、「明日」の段にUターンするが、ここからは一般的な順方向である。強いて言うなら「前方視的」になる。

　また、後方視的対話においては、語り手の言語化を促進するための問いかけについて聴き手の工夫が求められる。このための一般的な要領を以下に記した。

	目標	手立て	評価
今日	❸【そもそも】	❷【振り返ってみれば】	❶【今まさに】
明日	❹【まずここから】	❺【それを目指して】	

図　後方視的対話で用いる様式

後方視的対話の手順

① 　実践によって得られた児童生徒の姿はいかなるものだったか。

　図中では、発問の頭出しを兼ねたアイコンとして「❶【今まさに】」と記されている。これは個別の指導計画における「評価」欄の記述に相当する。

② 　その姿の実現場面で講じられていた手立ての内容は何か。

　図中では、発問の頭出しを兼ねたアイコンとして「❷【振り返ってみれば】」と記されている。これは個別の指導計画における「支援方法」欄の記述に相当する。

③ 　この手立てによって、児童生徒のいかなる姿を目指したのか。

　図中では、発問の頭出しを兼ねたアイコンとして「❸【そもそも】」と記されている。これは個別の指導計画における「目標」欄の記述に相当する。

④ 　次時の目標は何か。

　図中では、発問の頭出しを兼ねたアイコンとして「❹【まずここから】」と記されている。この時①～③をもとにして、現実的で妥当な目標の内容と表記によって設定する。

⑤ 　目標の実現に資する手立ては何か。

図中では、発問の頭出しを兼ねたアイコンとして「❺【それを目指して】」と記されている。この時①〜③をもとにして必要な加除修正を施しつつ考案する。

〈文献等〉
佐々木全・東信之・坪谷有也・田村典子・福田博美・佐藤信・清水茂幸（2017）個別の指導計画の作成に資する「後方視的対話」の開発とその活用．岩手大学教育学部プロジェクト推進支援事業教育実践研究論文集，4，108-113．
佐々木全・東信之・池田泰子・鈴木恵太・髙橋文子・橋場美和・加賀智子・菊池明子・小山聖佳・上川達也・田淵健・中軽米璃輝・及川藤子・飛澤宣子・坪谷有也・森山貴史・今野文龍・名古屋恒彦（2019）通常学級における特別支援教育を効果的に実践するための連携スキルに関する探索的研究（11）―個別の指導計画作成に資する「後方視的対話」を用いた研修の要領―．岩手大学教育学部プロジェクト推進支援事業教育実践研究論文集，6，169-174．

「支えがあってこその自立」論から考える教師の支援

～これまでの教育談義をもう一度味わうひとり語り～

知的障害教育は「支えがあってこその自立」を大切にしているのです。この意味での自立が実現した場合、どの子も、社会の中で、その子らしく生き生きと活動します。自立の本質は、その子なりに、その子らしく主体的に生活していく姿にあると考えています。(本書P23ページ)

　ここでは、次の２つを背景としつつ、教育目標とそれを実現しようとする支援方法に関わる理念と実践の縫い合わせを試みます。具体的には、特別支援教育において教育目標とされる「自立と社会参加」について深め、その内容と実現のための手立てをめぐる子ども理解について、特に学習者・主体者・共生者という観点から考えを巡らせます。

- 「支えがあってこその自立」、ここでいう「支え」とは何でしょうか。学校生活における教師の役割として考えるならば、支えとは、できる状況づくりとして考案され、実施される具体的な支援の手立てに他なりません。まさにこれは、児童生徒一人ひとりの自立を実現するための要件です。
- 「社会の中で、その子らしく…」の「社会」とは何でしょうか。

　学校を卒業した後の生活の場を社会と呼ぶことが多くあります。「社会に出てから困らないように勉強しなさい」「社会人の生活は、学校生活とは違うぞ」などの叱咤激励は、そのような社会の定義に基づくものでしょう。そうであるならば、学校生活とは「社会」に出るための準備期間と理解されます。そして、教育目標である「自立と社会参加」は社会に出てから実現するものなのだから、学校生活においては、非自立的で、訓練的な取り組みをするという考えもあるでしょう。

　しかし、知的障害教育においては、実際にそのような教育を実施した時期があり、その成果として生活の自立に結びつきにくかったことが反省とされました。その反省は、学習指導要領に明記されている「知的障害のある児童生徒の学習上の特性」の記述に反映されていると私は見ます。

お断り　本章は、実際の語りの内容を基に再構成したものです。一部の具体的なエピソードについては、個人や団体が特定されないように改編または表記しました。

■□□□□□
「自立と社会参加」の一体性

　自立は、今ここでの生活の文脈のなかで実現されます。「支えがあってこその自立」とされましたが、「社会参加あっての自立」でもあります。なぜならば、社会とは、その子なりにその子らしく生活している場、生活の文脈のことだからです。児童生徒であれば学校が主たる生活の場であり、そこで生活の文脈があり、その上での自立が目指され、それが実現された姿はそのまま「自立と社会参加」の姿となります。

　なお、卒業後は、主たる生活の場として職場が登場します。学校や職場以外の社会もあります。児童生徒一人ひとりにとってのコミュニティとして、地域のスポーツ活動や福祉等のサービス利用など、学校教育以外にもあります。それらに各々が社会であり、各々での自立と社会参加が求められます。そのためにも、やはり「自立と社会参加」は、生活文脈において実現される自立の姿そのものとして、一体的に目指され実現されると考えたいのです。そうであればこそ、児童生徒一人ひとりにとってのコミュニティでの、自立と社会参加に、学校生活における自立と社会参加が、確かさと円滑さをもって接続していくことになるでしょう。

2

自立の本質としての
主体性

　「自立の本質は、その子なりにその子らしく主体的に生活していく姿」との指摘は、学校教育目標を「主体的な姿の実現」とすることを裏打ちするものです。「主体的な姿の実現」とは、学校教育目標の代表例ですが、多くの学校で同様の内容が標榜されています。

　これは、特別支援教育の目標である「自立と社会参加」に「この学校での生活」という生活文脈を付与したものと言えます。

　そして、改めて、大切なのは「その子なりにその子らしく」ということでもあります。これは、自立と社会参加の姿が、個別具体で多様なものであることを示しています。そう言いながらも、それらには、本質的に通底するものがあります。私たちは生活の中でそれを直感的に察知します。

　例えば、遊びの指導の一場面、小学部1年生数名が、校庭の一角で思い思いの遊具で遊んでいます。Aさんが、あたりを探索し、ふと目に入ったジョウロで砂場に水をまき始めました。砂が湿り気を帯びて色が変わることを発見し、何度も繰り返します。その様子に気がついたB君、Cさん、D君がそれぞれブランコ、滑り台、雲梯から飛び降りて駆け寄ってきます。そしてそれぞれがジョウロを持ち寄り、貸し借りしながら水をまき始めました。水は、砂を削り水路になりました。B君が水路を手で掻き、深さを作りました。Cさんは大胆にバケツで水を流し始めました。それを見たAさんとD君は手をたたいて大喜びです。

　Aさんが、発見した遊び。それに取り組む主体的な姿を目の当たりにしたB君、Cさん、D君に「おもしろそう、やってみたい」という気持ちが湧きあがり、集い、遊びに発展する様子です。このようなことは、何歳でも、誰にとっても起こり得ます。テレビでみるサッカー選手の姿に感銘を受けて、サッカーに取り組むようになった小学生、熱心にトンボとりをする息子に付き合ううちに、自らがトンボとりにのめりこんでいく父親。同僚の提案授業を見て、授業づくりに一層熱が入る教師などなど、枚挙にいとまがありません。

　そうなのです。主体的な姿は、ウツルのです。「その子なりにその子らしく」とは、自分に置き換えると、「自分なりに自分らしく」ということです。通底するのは、だれもが持っている自己実現の欲求です。それゆえ、主体的な姿は共感が得られるわけです。主体性とは、自己実現を目指そうとする過程にはたらく「こうなりたい、こうありたい」というベクトル（志向性と原動力）のことなのかもしれません。

□□■□□□
学習者としての理解、その深掘り

● 「子ども理解」 の拡張

　「支えがあってこその自立」、ここでいう支え、すなわちできる状況づくりは、「支援の三観点」（P126）をもって、具体的で、技術的にその内容を追究しやすくなります。支援の三観点とは、コト・モノ・ヒトですが、これらによる手立てを具体的に考案する際には、対象となる児童生徒一人ひとりの様子を教師がよく見取り把握しておくことが重要です。また、生活文脈を構成する活動内容を教師が熟知しておくことが重要です。前者は「子ども理解」、後者は「題材理解」です。これらが、支援の手立ての考案を下支えします。

　特に、前者については、特別支援学校学習指導要領解説において「知的障害のある児童生徒の学習上の特性等」として大綱的な説明がなされ、それに即した教育的対応の基本10項目が示されています。前の章までの語りの中でも、触れられていますが、ここでは、私たちの「子ども理解」を拡張すべく、知的障害のある児童生徒の学習上の特性として挙げられた内容について引用し深堀りします。ここでいう、拡張とは、「子ども理解」のために、教師にとっての日常的な営みである「見立て」における着眼点や精度の向上ということです。

● 止まっている時計

　知的障害のある児童生徒の学習上の特性として、「学習によって得た知識や技能が断片的になりやすく、実際の生活の場で応用されにくいこと」が挙げられています。

　このような一般的で抽象的に述べられた学習上の特性について、私たち教師は、個別的で具体的な児童生徒の姿として出会い、これを見取ります。その中で、象徴的に思えるエピソードがあります。先輩教師E先生から聞いた話です。私は初任で着任した知的障害支援学校の高等部でE先生とご一緒しました。こ

こでは、日課の中心には作業学習が位置づけられ、教科別の指導は、国語、数学、音楽、美術、体育、特別活動が午後の日課として日替わりで配置されていました。E先生は、過去に指導したという生徒F君のエピソードを語ってくださいました。

　F君は、明朗快活な男子生徒でした。中学部から進学した生徒であり、引継ぎの事項には、「時計が読めないこと」がありました。そこで、E先生は、数学の学習内容として時計の読み方を学習課題として準備しました。アナログ時計を図示して短針と長針がそれぞれ指す位置を確認し、それらを総合して〇時〇分と答えるという学習内容を、懇切丁寧に指導しました。その甲斐あって、F君は、時計の読み方に関する学習プリントの問題をすべて正答できるようになりました。

　そんなあるとき、作業学習の場面です。熱心に陶芸の作業に取り組んでいたF君に、E先生が何気なく尋ねました。「F君、今何時だ？　そろそろ片付けかな？」と。F君は、粘土をこねる手を止め、時計を見上げました。しばしの沈黙。怪訝そうにE先生は「…F君、何時だ？」と繰り返しました。すると、「だめだ、先生。わからない。」とF君。「わからないってどういうこと？　数学で勉強したじゃない。」と声をかけながらE先生。「だって、先生、この時計動いてるんだよ！」とF君。

　E先生は、ご自身が「動かない時計、すなわち学習プリントの時計の読み方」を指導したことを反省したそうです。そもそも、生活上でこそ意味を成す時刻や時間というものを、生活から切り離した「断片的な知識・技能」としての時計の読み方を指導したわけです。まさに「実際の生活の場で応用されにくい」というオチになってしまいました。笑い話のごとく、話されたE先生ですが、それは、まさに知的障害のある児童生徒の学習上の特性と、それを踏まえた生活化志向の教育の大切さを、新米教師の私に伝えたかったのでしょう。

　余談ですが、私は、自身の失敗談を語るE先生の姿に、2つの決意をし、感謝しました。1つは、私がその後「出会うであろうF君」への適切な支援ができる教師になろう、ということ。もう1つは、自身の失敗を省み自らの実践を正し、研磨する教師であろう、ということです。

● 知識や技能を断片的にしているのは、誰だ？

　さて、私の決意を体現するような機会というのは、教師にとっていつでもすぐ傍にあるものです。ほどなくして私が中学部 1 学年の担任となったときのことです。

　学級には、後に生徒会長として活躍することになる G 君がいました。小学部からの引継ぎでは、「まだ時計が読めない」ということでした。また、身体的な疾患があり、運動の制約はありませんでしたが、定時での排泄を自己導尿で行う必要がありました。その都度担任がトイレに付き添い、導尿に要する道具（導尿キット）の管理、衛生の管理を指導し、尿の量を記録し、定期通院での主治医への報告資料とすることが求められました。

　このような定時排泄のために、時計を読めるようになることは G 君にとって重要な知識や技能であると考えられました。私も、数学の学習課題として時計の読み方の指導をしました。しかし、G 君は、文字盤の数字の読み方についても、混乱しがちでした。例えば「6」は、短針にとっては「6（時）」、長針にとっては「30（分）」、話しことばでは「半」です。このような使い分けは、G 君にとって複雑に感じられるものだろうと推察しました。そして、どうしたらよいかと自問自答を繰り返しました。

　「知的障害のある児童生徒の学習上の特性…学習によって得た知識や技能が断片的になりやすく…」だと？そもそも学習によって知識や技能が得られにくいではないか…いや、これは違う。G 君が得るべき知識や技能を断片的にしているのは誰だ？教師である私ではないか。実際の生活から切り離した時計の読み方を学習課題としているのだから。

　ならば、実際の生活にある時計の読みを学習できるようにしよう。実際の生活とは何だ、G 君と私たち学級の仲間の生活の流れ、その中に G 君の定時排泄という日課が組み込まれている。そこにある「時計の読み」とは何か。G 君にとっての「時計の読み」とは何か。

　そう！朝の 9 時、10 時半、12 時、1 時半、3 時。これが G 君にとって必要な時計の読み。これをもって、学習内容が焦点化されました。そして、これらを学級の生活の流れに重ねるとどうか。朝の係活動と着替えが終わったタイミングが 9 時。作業学習の開始が 10 時半、作業学習が終わるのが 12 時 5 分でした。

　G君は、入学して数週間、生活の日課に即して円滑に行動していました。それは、時計を目安に行動しているのではない。活動の流れが日課として体得されているからだろうと思いました。そもそも時計が生活日課を支配しているのではない。生活日課に従属して時計がその時を刻んでいるに過ぎないのです。私は、G君の生活の流れを大切に考え、その中にある時計の読みに注目することにしました。

　G君は、朝の係活動と着替えが終わったタイミングで、導尿キットを手にしてトイレに向かいます。「9時だね、一緒に行こう」私がG君に半歩遅れて動き出します。このタイミングを「9時」と名付けました。そして、時計を見上げ長針と短針が織りなす図形「L型の鏡像」を2人で見合い確認しました。

　次は、作業学習に向かう10時25分、作業着に着替えをしたG君、「今日は木材を切る」と張り切っています。「G君、忘れ物」と私が声をかけると、「あ、そうだった」と自分のロッカーから導尿キットを手にとりました。そして、教室移動の途中でトイレに立ち寄る。このタイミングを「10時半」と名づけました。そして、時計を見上げ、長針と短針が織りなす図形を2人で見合い確認しました。

　以来、この日課における時計の読み方、呼び名としての時刻がG君のものになっていきました。避難訓練があって日課が変則的になったとき、壁面に設置されている時計を見たG君は私を振り返り「導尿の時間だよね」と一言。私は「そうだね、この後教室に戻ってから行くことにしよう。少し遅れるけど今日は仕方ないよ」と応えると、G君はうなずきました。生活の流れに時刻を合わせた生活をしていたところ、時刻を見て生活の流れを考えるようにもなっていました。

　時は流れ、G君と学年の仲間で出かけた修学旅行、帰りの電車を待つG君は、父親からプレゼントされたという腕時計をみつめ、「そろそろ電車くるな」と話していました。意味のある時刻こそ読むべき時刻であり、習得しうる知識や技能なのでしょう。

● 授業づくりは生活づくり

　「各教科等で整理された教育内容を、生活に必要な内容として理解し、指導することが求められる」ことを第1章で述べています。その上で知的障害のあ

る児童生徒の学習上の特性である「学習によって得た知識や技能が断片的になりやすく、実際の生活の場で応用されにくいこと」における「学習」とは、「各教科等で整理された教育内容」と、教科別の指導という場面の切り分けの産物として理解できるでしょう。

　あたかも「木工室において製材された各種部材」です。これは、このままでは機能しません。組み立て、塗装を経て、木製ベンチとして完成するわけです。それらは、各種部材として使用されるわけではありません。木製ベンチとして使用されるわけです。そこでは、各種部材の個々の呼び名、例えば、座板、前幕板、つなぎ貫、脚貫などはなくなり、木製ベンチという総称をもって生活の中で利用者に機能を提供するわけです。

　同様に「各教科等で整理された教育内容」は、総合的な生活活動として子どもたちに提供されます。私たち教師による授業づくりとは、「各教科等で整理された教育内容」を材料とし、その必然性と必要性を含みこんだ生活づくりなのです。

● 華々しく、非日常的ゆえの成功経験？

　知的障害のある児童生徒の学習上の特性として、「成功経験が少ないことなどにより、主体的に活動に取り組む意欲が十分に育っていないこと」が挙げられています。

　このような一般的で抽象的に述べられた学習上の特性について、私たち教師は、ときに個別的で具体的な自分自身の姿と照らし合わせることで、内容の理解を得ることがあります。

　さて、ここでいう「成功経験」とは、何でしょうか。「あなたにとっての成功経験は何か」という素朴な問いかけを、仲間うちでしてみました。「教員採用試験を一発合格した」「部活動を頑張って全国大会に出場した」「教育実習で作成した学習指導案の出来が良いことについて褒められた」などが挙げられました。これらは、各個人において大変価値あるもので、確かに素晴らしい成功体験です。しかし、このような華々しい（他に比して優れ秀でている）こと、非日常的なことだけが成功体験なのでしょうか。

　成功経験として語られた内容を否定するつもりは毛頭ありません。負け惜しみを言っているように聞こえるかもしれませんが、僻んでいるわけでもありま

せん。むしろ、ここで深掘りすることによって、冒頭の成功経験として語られた内容について、もっと豊かな解釈に至ると思います。そのことは、すなわち、知的障害のある児童生徒の学習上の特性「成功経験が少ないことなどにより、主体的に活動に取り組む意欲が十分に育っていないこと」における成功経験を豊かに解釈し、知的障害のある児童生徒の学習上の特性に応じた適切な支援を考えることになると考えました。

● 華々しさと散々さ

そのために、まず着目したのが、各内容の華々しさです。華々しい（他に比して優れ秀でた）ことだけが成功体験でしょうか。

私は、当初教員採用試験に不合格でした。部活動を頑張りましたが、県大会の1回戦か2回戦をうろうろするだけ。教育実習では「特別支援学校の教師は歌って踊れなきゃだめよ」と言われました。

華々しさとは程遠い私の散々なエピソードです。このような人もいる、むしろ共感いただける人も多いのではないでしょうか。ところがです。これら散々なエピソードは、いずれも私の教師人生を支える確かな成功体験なのです。これは、開き直りやこじつけでもありません。

教員採用試験の失敗は、私にとって方法の開発という成功をもたらしました。苦手であった教育法規について、法律の条文を覚えることに苦心をしました。それまでの私は、視写をして覚えることしか学習方法を知らず、それに頼っていたのですが、ある時、私は見たり書いたりするよりも聴いた方が記憶に残ることに気がつきました。そこで、条文を自分で音読し、録音して毎朝聞き流すことで記憶しました。このことは、教師になってから「視覚情報をよく理解する子ども」や「聴覚情報をよく理解する子ども」がいることの理解と、それぞれの認知の特性に応じた手立てを考案することにつながりました。

また、ピアノ伴奏は致命的に習得できませんでした。そこで、課題曲の譜面をコード伴奏に書き換えました。複雑なメロディーを奏でることをやめて、右手と左手の指を固定して、手を左右上下に動かして演奏することにしました。このことは、私が教師になってから、身体の障害を併せ有していたり、運動発達が未成熟な段階にあったりする子どもと楽器演奏に取り組んだ時に、それぞれの特徴に応じた楽器の自作や、電子ピアノの鍵盤上に、自作の補助具を設置

し、コード伴奏するという取り組みにつながりました。

　そして、挫折感いっぱいで退いた部活動でしたが、羨望のまなざしを向けた一流のアスリートの姿から、体の使い方や適材適所の役割分担というチーム戦術の様子に関心を持ちました。このことは、教師になってから体育の時間にサッカーやバスケットボールにおいて、子どもたちの特性に応じた役割分担によって、チームプレーで得点をするという取り組みにつながりました。

　このような、チームプレーという発想は、「歌って踊れぬ」私が特別支援学校の教師を目指し、そして、務めたことの背景あるいは適応方略になっています。例えば、音楽の授業でダンスをするとき、上半身と下半身の動きの協調が求められながら、それがうまくいかず、消極的になってしまいがちな生徒が何人かいました。私は、踊れない人の気持ちはよくわかります。せめて、上半身と下半身の動きどちらかにすればできるだろうと思いましたので、ダンスの演出として、座った状態あるいは膝立ちの体勢で、つまり上半身の動きだけの演舞のパートを結成しました。自信を失いかけていた生徒たちは、息を吹き返しました。結果的に、構成員の動きが平面的で一様な動きではなく空間的にも立体感のある集団演舞としてのビジュアルが仕上がりました。もちろん、ここでは、歌って踊れる教師が全体を指揮し、歌って踊れない教師である私が、パートを担当するというようなTTとしてのチームプレーがありました。

　成功経験とは、その華々しい（他に比して優れ秀でている）ことに限るものではありません。活動における確かなプロセスや結果として得られる確かな学びによって実現された活動の体験であると考えたいのです。そうであればこそ、児童生徒一人ひとりのかけがえのない成功体験を考えることができます。

● 一回性よりも「円滑な遂行」の実現と蓄積

　次に着目したのは、一回性ということです。成功経験というのは、一回性の記憶に残る一大イベントなのかということです。例えば、ダンスが苦手で運動会に向けた集団演舞の活動に対して消極的になってしまった生徒の話です。しかし、痛恨の大失敗をしてしまったゆえに消極的になってしまったのかといえばそうではありません。この生徒にとっての成功経験たり得ないのは、むしろ、毎日の活動プロセスにおいて、小さな成功を蓄積しにくいことであり、うまくできないという小さな失敗の蓄積なのでした。このことは本人にとっても意識

化されておらず、「なんとなく、あの活動は嫌なんだよ」という言葉に留まっていました。

　つまり、「成功経験」とは、華々しい活動の実現というも一方には含みこみながらも、実のところその多くは、日常の生活活動における活動の「円滑な遂行」の実現と蓄積であると考えられます。日常生活における円滑な遂行を、私たちはごく小さな成功経験として実現し蓄積しています。

　そうであるならばこそ、私たち教師は、子どもの学校生活における日常生活の営みにおける円滑な遂行を支える、「できる状況づくり」を追求することが必要でしょう。ボタンを脱着する、チャックを開閉する、ハンガーに上着を掛けることに、いちいちつまずき、いら立ち、落胆する毎日では、着替えも、着替えた後に連なる運動会の取り組みや作業学習などへの移行にも支障をきたすことになりかねません。

　成功経験とは、一回性のことに限るものではありません。ボタンを脱着する、チャックを開閉する、ハンガーに上着を掛ける、その一つ一つを確かに支えるほどに、着替えの活動は円滑になり、人知れず成功経験として蓄積されます。そうすると、いつでも着替えという日常生活動作に対して、自分から、自分で取り組むような子どもの姿が実現されるわけです。そうであればこそ、子ども一人ひとりのかけがえのない日常の価値を考えることができます。

● 実際の生活場面に即した見取り

　私たち教師は、子どもが主体的な姿を実現するための、できる状況づくりに努めます。その具体的で効果的な手立てを考案するためには、子どもの姿を、実際の生活場面に即して見取る必要があります。例えば、スキー学習の姿を見取り、作業学習の手立てを考案することはできません。靴の脱着の姿を見て、階段掃除の手立てを考案することはできません。すなわち、作業学習の手立てを考案するためには、作業学習に取り組むその子どもの姿を見取る必要があり、階段掃除の手立てを考案するためには、階段掃除に取り組むその子どもの姿を見取る必要があります。

● 題材研究が見取りの精度を上げる

　子どもが生活する姿を具体的に見取るためには、実際の生活場面のことをよく理解しておく必要があります。実際の生活場面をここでは「題材」と言い換えることにします。教師は、実際の生活場面から「題材」を選定し、授業づくりをします。そこでは、「題材研究」が必要不可欠ですが、これによって、見取りの精度も変わります。

　例えば、中学部において、毎朝の日課として、ランニングをしていたときのことです。入学したばかりの1学年の生徒にとっては、新しい生活習慣です。この中に、同学年の生徒よりも一回り体の大きな男子生徒H君がいました。気は優しくて力持ちを地で行くような生徒でした。身長に見合った体重もあるようで、ランニングは幾分か苦手そうに見えました。寡黙なその生徒と一緒に走っていたのはI先生です。市民ランナーでもある、走りのスペシャリストです。このランニング用の周回コースも、このI先生が選定したものでした。

　さて、ランニングを終えたI先生が、H君について感心していました。速度は遅いものの、極めて一定なのです。このランニングコースは、実のところ、緩やかとはいえ、常にアップダウンのあるコースなのです。つまり、H君が速度を一定にするということは、上りでは相応の推進力を発揮し、下りでは逆に惰性で加速しないように制動力を利かせているわけです。

　私たちは、H君について「ゆっくりペースの生徒」との認識しかありませんでしたが、なるほど、走ることならびにランニングコースを熟知しているI先生は、そこまで深く子どもを見取るのかと思いました。このように、教師の見取りは、題材研究の精度でも変わります。

● 見取りの解像度を上げるツール

　別の例です。作業学習において、個別の作業工程における作業手順を逐一リストアップすることは題材研究の1つの方法であり内容です。これを手順表として、取り組む生徒が使用することもありますが、やはり、手順をリストアップすることは、教師が、生徒の活動を分析的に見取ることに大いに役立ちます。ここで、例に挙げたのは、紙すきの作業の一工程であるプレス作業についての手順表であり、教師の関わりを記録する授業記録シートでもあります[1]（**図1**）。

この内容と実際に活動する生徒の様子を対照させることで、どの手順において首尾よく進められているか、どの手順においてつまずきや滞りがあり、どのような支援を必要としているのかを把握し、手立ての内容を検討しやすくなります。すなわち、できる状況づくりを最適化する上での手掛かりを見出すための資料ともなり、教師の見取りの目の解像度を上げるためのツールとなっているのです。

■　紙工班：個別記録	生徒氏名：B児（高等部３学年）　作業分担：プレス 指導／記録：○○○		指導年月日：H14.7.4.（月.火.水.㊍金） 指導の場〈作業室〉その他（　　　　）	
1　評価の観点	評価	2　評価の根拠となったエピソード、具体的な指導方法、生徒の実態	場面	3　活動場面における記録
作業台上の線に合わせてプレス枠を置くことができる。	△	・指導者が、後ろから手を添えて、設置場所を誘導した。	集合、はじめの会	・シャツの裾を紙縒状にすることを繰り返し、没頭している。「手を膝に」と繰り返し指示した。 ○○○○…
プレス板（下）をプレス枠にセットすることができる。	□△	・枠に合わせるということが未定着で、枠に乗り上げて斜めになっている板に体重をかけて平らにしようとしていた。「やり直し」と指示（△）。「手元を見て」と注意喚起（□）すると、枠に合わせることができた。		
布をプレス板（下）にしくことができる	○	・板をセットした後、自ら行った。		
ネットを所定の位置から持参し、セットすることができる。	△○	・最初の１回目は指さしを行った（△）。その後は、作業の流れの一つとして自分から行うことができた（○）。		
布をネットの上にかけることができる。	○△	・注意がそれて、作業が停止したときのみ「やりなさい」と指示した（△）。	作業前半	・作業の途中、シャツの裾を紙縒状にすることを繰り返し、没頭することがあった。「つぎは？」と作業への注意を喚起した。 ○○○○…
プレス板（上）をスタンドからはずすことができる。	○			
プレス板（上）をプレス枠にセットすることができる。	○			
２０のカウントにあわせてプレスの動作をすることができる。	○	・指導者がカウントを行うと、これに合わせて加重を行った。		
プレス板（上）をスタンドに戻すことができる。	○		休憩	○○○○…
布をはずし、プレス板（上）にかけることができる。	○			
ネットを所定の位置に運ぶことができる。	○		作業後半	・前半同様の様子がうかがえた。
１枚プレスをするごとに１個のボールをカウンターに入れることができる。	－	・現段階では、指導を行わなかった。		
一連の作業手順を、繰り返しかつ持続的に進行することができる。	□	・作業から注意がそれた時には、「次は？」と注意喚起した。		
（評価の観点）○；自主的・自律的行動（自分で判断し、行動したとき） □；注意喚起を要した（指さしや「ほら」等の声がけで行動できたとき） △；行動の指示を要した（「～しなさい」等の指示、手をとる等の援助で行動できたとき） ×；行動できなかったとき、指導方法が思いつかなかったとき。			掃除	・自分から、「ガイド枠」棚に持っていった（収納場所とは違っていたが片付けようとしていた）。
※　特記事項 ○○○○…			反省会	・自己評価では、”□”を選んだ。○○○○…

図１　紙すき作業におけるプレス作業の手順の一覧と活動の様子の記録用紙

● 見取りの精度が題材研究の精度を上げる

また、逆もあります。教師の見取りの目の解像度が上がるにつれて、題材研究の必要性が増し、精度が高まるということです。例えば、運動会の集団演舞において、中学部の多くの生徒は、踊り子として、法被を着て鳴子を手にして威勢よく体を動かし掛け声をあげます。この集団の両側に立ったＪ君とＫ君が、90 センチ× 45 センチの大漁旗を掲げました。それぞれ紅白の組団でデザインし描いた会心作です。大音量の曲に合わせて振ります。Ｊ君は、細身ですが、大漁旗を大きく力強く、リズムよく振っていました。きれいになびく旗に描かれた組団のシンボル「ハンマーシャーク」がよく見えます。一方のＫ君は、大漁旗が小さく揺れ、なかなかなびきません。足元もおぼつかないようで、がっ

しりした体形のK君が、旗につられてよろけています。

　集団演舞担当の教師、L先生がすぐに気がつき駆け寄りました。前後左右不揃いだった足の位置を肩幅にそろえて固定するように伝えました。旗の持ち手の一点を握りしめていた両方の拳について、左手は持ち手の先端を握り、へその下の位置に固定するようにしました。右手は持ち手の中ほど目の高さを握るようにしました。つまり、固定した左手を支点として右手で旗を左右に振るという構えと動きができあがりました（**図2**）。これにて、一件落着。K君は大きく力強く、そして安定して旗を振り始めました。なびく旗に描かれた組団のシンボル「鯛」が披露されました。

　L先生は、J君とK君の様子を見て、その違いをすぐに把握したそうです。「K君はなぜできないのか」よりも「J君はなぜできるのか」と考えながら、旗を振るときの動きを見取り、そこから題材を分析的に見て、先の足の位置、握りの位置、動作の要領を見出したのです。

　教師の見取りの目の解像度と、題材研究の目の解像度は、相互に影響しあいながら高まっていくのです。

図2　旗振りの構えと動き

□□□□■□□
主体者としての理解、
その深掘り

●「〜させる」と客体化

　支援の手立てとして「〜させる」という使役表現による記述を見かけること
がかつては多くありました。教師の地道で確かな営みの中で、個別の指導計画
の記述表現が開発され蓄積される中で、「〜させる」という使役表現は改めら
れる傾向にあると思います。それは、第2章での語りの中でも指摘されたとこ
ろです。

　しかし、そもそも「〜させる」という使役表現を私たち教師が選択しない理
由は何でしょうか。象徴的なのは、「主体的な姿」の実現を目指すに際して、
主体的とは、「〜する姿」であり、「〜させられる姿」ではないという説明でしょ
う。

　登校時に、自分から挨拶をしない児童、M君のことを挙げます。担任教師で
あるN先生はその姿を見取り、「挨拶できるようにする」ことを目指し、「挨拶
させる」と支援の手立てを記しました。この使役表現によって、子ども主体の
理念の危うさと、手立ての甘さの2つが懸念されます。

● 子ども主体の理念の危うさ

　まず、子ども主体の理念の危うさが生じることについてです。「〜させる」
の語感から子ども本人の主体性が軽視されているような印象を受けます。なぜ
でしょうか。「〜させる」の主語、動作の主体が教師だからです。一方の子ど
もは、主体ではなく、教師が指導する対象、つまり受け身的な立場の「客体」
として位置付けられることになります。

　知的障害教育は、「〜させる」という訓練的対応を省みて、真にこの子ども
たちの自立と社会参加を実現するために、支援的対応を求めて発展してきたと
いう歴史的な経緯があります。すなわち、訓練の対象として「客体」とされて

きた子どもたちが「主体」を確立することが最重視されてきたのです。

　話を戻します。「～させる」という使役表現を回避すべき理由を私は子どもの客体化にあると見ます。そうであるならば、実は「～させる」という使役表現のみならず、客体化をもたらす別の表現もあることに気がつきます。

　例えば、「～あげる」です。これは、近年社会全般での流行表現であると見えます。「お子さんをたくさん褒めてあげてください」「肩こり予防に、時々肩を自分で回してあげてください」などです。単に「お子さんをたくさん褒めましょう」「肩こり予防に、時々肩をまわしてください」という表現でよいはずなのに、「～あげる」表現を過剰に使う時代のようです。優しい口調、印象のためなのかもしれません。話し言葉としてかなり広がっているように思います。さて、「～あげる」の主語、動作の主体は誰でしょうか。教師が動作の主体、子どもは「～される、～してもらう」という客体として位置づけられます。ですから、これもまた、子ども主体の理念の危うさにつながります。

　それから、別の例では「～づける」です。動機づける、意識づける、元気づける、これらも同様とみなせるかもしれません。「～づける」主体としての教師と、「～づけられる」客体としての子どもがいることになります。

● 手立ての甘さ

　次に、手立ての甘さです。「挨拶させる」との記述、これを読んだ人は「何を、どうやって挨拶させるの？」と思うことでしょう。つまり、挨拶させるとは、手立ての内容を表していないわけです。本来、個別の指導計画では具体的な手立て自体を考案し記述すべきなのです。「～させる」と言語化することは、思考停止を招くわけです。

　手立てが甘いとは、詳しくない、大雑把ということです。それは、見取りが不十分であることと連鎖します。手立てを精緻化するならば、見取りを精緻化しなくてはいけません。精緻化された見取りによれば、手立ても自ずと精緻化されるでしょう。

　ここでは、後方視的対話*によって、「挨拶させる」という記述内容を精緻化したプロセスを見ていきましょう。N先生と私の対話としてお読みください。

＊解説コラム参照（P145～147）

佐々木：「挨拶させる」ということですが、具体的にどのようにすると、M君
　　　　は自分から挨拶しそうでしょうか。

N先生：う～ん、どうしたらいいかな。

佐々木：逆に、M君が挨拶する場面ってありますか？

N先生：あ、あります。O先生には挨拶するんですよ。

佐々木：O先生にだけですか？どうしてでしょうか。

N先生：そうなんですよ。O先生って、いつもバスの乗車口で児童生徒の乗降
　　　　を見守り、必要に応じて介助する役をしているのです。バスから降りる子ど
　　　　も一人ひとりに「おはようございます、おはようございます」と声をかけて
　　　　います。寡黙な児童生徒には、ハイタッチで挨拶しています。

佐々木：なるほど、その流れの中でM君も挨拶をするのですか？

N先生：そうです。M君が降りるのはだいたい真ん中ぐらい。前の子どもがO
　　　　先生に「おはようございます」と言ったりハイタッチしたりすると、そのあ
　　　　とから「おはようございます」と自分から言ってO先生の目の前を通過します。

佐々木：情景が目に浮かぶようです。そうか、ならば、M君が自分から挨拶で
　　　　きる状況をそこから見出せそうですね。

N先生：そうか、できる状況づくりは、できている状況がヒントになるわけで
　　　　すね。…でも、O先生は、M君に何もしてないのでは？

佐々木：面白いですね。O先生は、M君に対して直接的に何もしていないよう
　　　　に見える。支援の三観点のコト・モノ・ヒトでいう、ヒトにおける「伝達」
　　　　がない、ということでしょうか。

N先生：そうですね…でも、ヒトにおける「共感」はある。M君が挨拶をした
　　　　後に「おはようございます」と笑顔で返答しています。M君にとっては、挨
　　　　拶した甲斐があるから、次の日もO先生に挨拶したいと思えるのかもしれ
　　　　ません。でも…。

佐々木：でも？

N先生：それは、挨拶をした後のことであり、次の日にはつながるかもしれま
　　　　せんが、そもそもの挨拶をさせる、いや、M君が自分から挨拶することの実
　　　　現する手立てではないような気がします。

佐々木：そうですね。しかし、実際、M君は挨拶をしています。何が利いてい
　　　　るんでしょうか。

N先生：何が利いているか？…か。そうか、ヒトではない観点、コト・モノと

いうことで考えるわけですね。

佐々木：モノというのは、物理的な環境を指します。バスから降りる状況って、独特の物理的環境ですね。

N先生：うん、一人ひとりが順番に降りる状況にあって、挨拶をする教師と子どもが一対一になります。

佐々木：それは、M君にとってどのようなメリットがありそうですか？

N先生：挨拶をする対象が明確になります。必ずO先生と対面することになります。そもそも、M君は、あまり人に注目を向けない傾向がありますが、この場面ではちゃんとO先生に注目しているんですね。

佐々木：なるほど、M君の普段の姿を念頭に置けば理解も深まりますね。

N先生：コトでの「活動内容の設定と展開の工夫」としてみると、降車時に挨拶の場面を設定していること、それが毎日繰り返されること。そうか、習慣として、定型の挨拶場面を設定することがよいのかもしれません。

佐々木：なるほど、考えましたね。あと、1つ思ったのですが、M君の前に必ず挨拶をして降りる児童生徒がいるわけですよね。そのことはM君にとって何かしらの意味がありそうですか？

N先生：あ〜、あるかもしれませんね。1人で挨拶を「させられる」のではなく、友達もやっているという状況だと自分も挨拶しよう、挨拶をするものだという気持ちや理解に至るかもしれません。

佐々木：普段の生活の姿から、裏づけられそうでしょうか。

N先生：そうですね。M君って、周りの子どもたちが着替えを始めると自分も急いで着替えをはじめるというような、周りに合わせるということをよくしています。これまで、挨拶の指導を、M君個人の課題だと考えすぎて、周りの子どもとの関わりを考えずにやってきましたが、ちょっと改めてみます。

佐々木：ここまでのお話から、支援の手立てを書き出してみると次のようになりました。いかがでしょうか。

- 挨拶をする対象（担任：N先生）に注意が向きやすいように、担任が昇降口の入り口の定位置に立つ。

- 挨拶をする行動を模倣して発揮しやすいように、昇降口を通過する児童生徒と順次挨拶をかわしながら、その流れでM君と目を合わせる。

- 挨拶が相手に伝わったことを実感しやすいように、M君の挨拶の直後、笑顔で「M君おはようございます」と返礼する。

N先生：ありがとうございます。整理できました。

　以上の対話の中で、手立ての精緻化が見取りの精緻化と関連しながら進みました。私は、主体性の理念を真正面から追求する教師の考え方と、子どもを「客体」に追いやる言葉を使わないとする表記の作法が一体的にあってこそ、実践の質を担保すると考えています。

● 手立ての質を問う

　手立ての質を問うこと、それは、いかに手立てが効果的であったかということで議論されることがほとんどです。例えば、手立てを講じる前の生徒の姿と、手立てを講じた後の生徒の姿を比べるわけです。そこで、手立ての効果として期待される「望ましい行動」の増加があったか、あるいは「望ましくない行動」の減少があったか、を見比べることで、手立ての効果を評価するわけです。

　しかし、手立ての質を問うことについて、私は「有効さ」と合わせて、もう1つ、別の観点を大切にしたいと考えています。それが「自然さ」です[2]。私たち教師にとって日常的な関心事といえる有効さ、それに比して、自然さが話題に上がることはそうそうありません。例えば、授業研究における協議や実践研究として「手立ての有効さの検証」とか「有効な手立ての検討」などのテーマはあっても、「手立ての自然さの検証」とか「自然な手立ての検討」などのテーマは聞いたことがありません。

　自然さとは極めて日常的な価値であるために、敢えて話題にしなければ、そこに注目されることはないのかもしれません。逆に、不自然さが際立ったときに限り、その現場で目につくことがあります。そのことを利用して、自然さについて考えるときには、その対極にある不自然さを考えることからはじめましょう。有効さという第一義的な価値を前提としつつ、「有効かつ自然な手立て」と「有効だが不自然な手立て」を対比してみます。

● 有効だが不自然な手立て？

　中学部1学年で私が担任をしていた学級でのことです。教室の机といすを廊下に搬出し、Ｐさんとクラスメイト4人と担任の私と、副担任の教師は、一斉

に拭き掃除を始めました。いわゆる長拭きであり、皆が横一線、高這いの姿勢でスタートしました。入学当初、Ｐさんは、体の動きがぎこちなく、それゆえ自分の動作や姿勢を自分でコントロールすることに自信がなく、雑巾がけの動作である高這いの姿勢をすることが苦手で怖いようでした。

　しかし、この場面では、Ｐさんは皆と同様に雑巾がけを繰り返し取り組むことができるようになっていました。実は、雑巾がけの動作を支援する支援の手立てがありました。雑巾の上にプラスチック製のコンテナボックスを置きました。高さは30センチ強です。Ｐさんがその上に手をつくと、「浅い」高這いの姿勢ができます。これは、Ｐさんも怖がらなくて済む姿勢であり、その姿勢のまま足を進めると、雑巾がけができるのです（図３）。

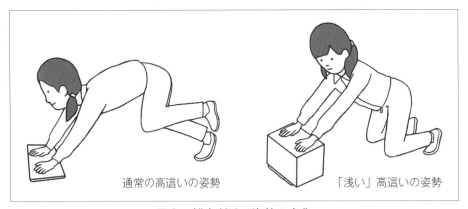

| 通常の高這いの姿勢 | 「浅い」高這いの姿勢 |

図３　雑巾がけの姿勢の変化

　これまで雑巾がけ自体ができなかったＰさんが、雑巾がけをしているのであるから、支援の手立てが有効であったことは明らかでした。

　あるとき、それを目にした参観者が、「あれ（雑巾の上のコンテナボックス）は何ですか？」と怪訝そうに尋ねました。私は、よくぞ聴いてくださいました！とばかりに、それは支援の手立てであることと、その劇的に思えた効果について解説しました。すると、その参観者は「なるほど、非常に効果的な支援ですね」と感心してくださいました。しかし、発言には続きがあったのです。「あれほど障害の重度な生徒も雑巾がけができるのですね」と。

● 有効かつ自然な手立て！

　私は、先の参観者とのやり取りがずっと引っ掛かっていました。なぜ引っ掛

かっているのか、その理解には至りませんでした。私は、支援の手立ての有効性を確信し主張しながらも、なにか後ろめたいような思いを抱いていました。この理解に至ったのは、次のような対局の例を経験したことによりました。

　中学部2学年のQ君は、休み時間になるとサッカーボールを蹴って遊んでいる生徒でした。友人や教師と向き合って繰り返しボールを蹴り合っています。なかなかのキック力。私は、Q君の活躍をイメージしながら、体育の授業でサッカーを計画しました。

　ところが、サッカーの授業の初回に想定外の出来事が起こりました。Q君がゴール前に位置取りをしたタイミングで、自陣側からのチームメイトからのパスが通りました。ゴールを背にしたQ君の足元にボールが届いた瞬間、ふりむきざまに会心のシュートか、と思ったのですが、ボールは自陣側に大きく戻されました。このときまで、私は気がついていなかったのです。Q君は、いつでも、どこでも全力で眼前のボールを蹴り返すのです。昼休み、対面で蹴り合うのがQ君のサッカーでした。実際のサッカーの試合では、ゴールを背にしてボールをもらい、そこで体の向きを変えて、ゴールにボールを蹴りこみますが、それに至るプロセスにおける判断や動きが難しい様子がありました。

　なるほど、それでは、チーム戦術でQ君のシュートを実現しようと考えました。チーム戦術は、活動の内容と展開の工夫ですから、これは、支援の三観点でいうところの、コトによる支援と言えます。次の体育の時間、ゴールを背にして位置取りしたチームメイトにボールが渡りました。そして、Q君の前にちょこんとボールを蹴り出しました。いわゆるポストプレーです。それに合わせて、Q君は踏み込みミドルシュート。先制点となる会心のプレーにチームが沸きました。狙うべきゴールの方向からのパスであれば、Q君がゴールに正対することになるので、そのまま蹴り出せば、シュートができるのです。

　サッカーという活動において、サッカーの戦術をもって支援の手立てとしていて、なおかつ、効果的であり、自然な手立てといえました。この授業に参加した教育実習生は、Q君を見て「迷いなくシュートしている。サッカーが得意なのですね」と感心していました。この実習生は、この時点で、ここに支援の手立てがあることに気がついておらず、後の授業研究会で支援の手立てとこれに至るいきさつを知ることになりました。

● 有効さと子どもの尊厳を引き換えにしてはいけない

　このエピソードから、「有効にして自然な手立て」は、子どもの自立的で主体的な姿を実現し、自他の目はその姿に惹かれることに気がつきました。一方で、先に記したＰさんに対する雑巾がけの手立ては、不自然さゆえに人目を惹き、不自然さゆえにＰさんの障害が重度であると見せてしまったのでした。私は、愕然としました。有効さが際立つほど、私たち教師の目はそこにとらわれてしまい、自然さへの配慮は薄れていくことがあるかもしれません。私たち教師が支援の手立てを検討するとき、常に自己批正の目が必要です。また、仲間の教師など第三者との率直な意見の交換がありがたいものです。

　不自然さという、日常にありつつ、着眼の機会が少ないこのテーマについて理解をしやすいように、もう少し具体例を挙げましょう。不自然さは「〇〇相応」という表現で考えるならば発見しやすくなるでしょう。例えば、「年齢不相応」です。高等部の生徒に対して、幼児用のキャラクターや音楽、さらには「幼児言葉」での話しかけなどはもってのほかでしょう。

　「場面不相応」もあります。いわゆる部屋着での外出はＮＧです。買い物学習で繁華街を歩くとき、体育の授業で着用する運動着で歩くこともふさわしくはないでしょう。

　最後に、「立場不相応」ということもあります。例えば、日常生活で介助が必要な場合であっても、男性の教師が女性の生徒を、女性の教師が男性の生徒の介助として、特に着替えや排せつなどすることは極めて不自然です。そうならないように同性介助がなされます。また、作業学習などの一場面で、生徒の活動をあからさまに監視しているという態度や言動をする教師の姿があったならば、使役者と受動者という立場を強調しすぎることになり、これもまた不自然なのです。さりげなく、共に働く関係での態度や言動を大切にしたいと思います。

　手立ての自然さは、子どもの存分に活躍する姿へのフォーカスを促し、手立ての不自然さは、子どもの障害部分へのフォーカスを促してしまう。手立ての自然さとは、子どもを思いやる、さらに言えば、子どもの尊厳を思いやることです。そして、私は、数多の失敗経験から、手立ての有効さと子どもの尊厳を引き換えにしてはいけないと肝に銘じました。

5

共生者としての理解、その深掘り

□□□□■□

● その子どもが生きるコミュニティにおける…

　知的障害教育指導法の話題は、いつの間にか個別具体の話に展開されがちです。第5章で、自立活動をめぐって語られることにも通じますが、個別具体の話は、指導形態の個別化に粘着しがちです。本来、子ども一人ひとりに対する、個別具体の、きめ細やかな対応は、指導形態としての個別化と必ずしも一致するものではなく、むしろ、集団という指導形態の中で、確かな個別具体で精緻な支援の手立てが検討され、その実現によってこそ一人ひとりの主体的な姿は、集団における確かな個の確立と、集団における確かな共生と発展をとげるものなのです。

　つまり、社会、その子どもが生きるコミュニティにおいて、かけがえのない一人として生きるという姿の実現です。かけがえのない一人とは、自他ともに認めあえる確かな役割があり、それをこなすことにやりがいと手ごたえを得ている姿、すなわち、主体的な姿の実現ということになるわけです。

　それは、作業学習の場面において典型的です。電動かんな盤を操作し、製材を担当するR君に支援の手立てが行き届いたならば、その首尾よく存分な取り組みによって、次の工程、テーブルソーを用いて縦挽きを担当するSさんに対して、円滑で十分な部材が提供されることになります。Sさんに対して、支援の手立てが行き届いたならば、その首尾よく存分な取り組みによって、次の工程で、スライドソーを用いて横挽きを担当するT君に対して、円滑で十分な部材が提供されます。このように、生徒一人ひとりの活躍は、木工作業に取り組むこのチーム全体の成果に直結し、それを確かに支え、実現した生徒一人ひとりは相互に、かけがえのない存在として認め合うことができるはずです。

● 待つのも勉強？待たされるのは？

　その子どもが生きるコミュニティにおいて、その子どもの生徒一人ひとりの活動が確かに位置付けられることが大切です。このことは登校直後の朝の日課においても同様でしょう。

　知的障害特別支援学校の朝は、登校した瞬間から始まります。中学部における朝の日課を例に挙げます。

　そもそも、登校は、各生徒の個別多様な生活状況を反映し、時間差が生じるものである。自宅からの徒歩通学、スクールバスでの通学、自家用車での送迎など、朝の支援学校の校舎前は大いににぎわいます。

　教師は、担任、副担任、ときには学年付きの教師などの協力を得ながら、教室と昇降口を往復することがあります。登校した直後から、挨拶指導、靴の脱着や教室移動など個別の対応の必要があるからです。

　生徒の動作の速度も違います。ともすれば、ペースの速い生徒が待たされる、ペースの遅い生徒が急かされるという状況が生じてしまいます。待ち時間を持て余し、うろうろする生徒に対して「待つのも勉強」などと言って意味のない着席を求めるような、教師づらした当時の私。それに対して、「待たされるのは学習権の侵害である！」と廊下を通りすがった先輩教師が皮肉たっぷりに釘を刺しました。私は苦笑を返し、その言葉を咀嚼し、自らの実践を見返しました。そうです。この場面で生徒は「待ち望んでいる」のではなく、生徒の生活と心情に無頓着であった私によって「待たされている」のでした。

　私は、猛省し、生徒一人ひとりの生活の流れと心情と、そしてこれまで積み上げてきた、あるいはこれから積み上げてほしい生活の内容に考えを巡らせました。そして、生徒一人ひとりが、このコミュニティにおいて確かな役割を持てるようにと考え、次のような生活の流れに行きつきました。

● 学校生活に向かう助走としての朝の生活日課

　8時40分。いつも最初に到着するのは、入所施設から登校しているU君とVさんです。U君は自分で運動着に着替えをしたのちに、定時排泄のためにトイレに行きます。

　その間、Vさんは、着替えをし、ごみ箱を持ってゴミ捨て場に向かいます。

担任である私は、それを見送った後に、U君に付き添うためにトイレに向かいます。

　すれ違いに、副担任の教師が、通学バスから降車したW君とX君を迎えます。ペースの速い二人は、早々に着替えます。その間に、副担任は廊下の掃き掃除をします。W君は着替え終わると、廊下の水拭きをはじめます。X君が、箒と塵取りを副担任から受け取り、階段掃除へ向かいます。

　ここで、Vさんが教室に戻り、副担任から雑巾を受け取ると、X君が掃いた階段の拭き掃除に向かいます。U君と私も教室に戻り、廊下の拭き掃除に加わります。副担任は、再度昇降口に向かい、自家用車で登校するYさんを迎えます。教室に到着して照明のスイッチを入れたのち、着替えをします。それを終えるタイミングで、私と4人の生徒が掃除を終えて教室に戻ります。

　各々が自分の役割をやり遂げ、学級のメンバーが一堂に会し、Yさんがオーディオを操作しラジオ体操の音楽を流します。円隊形でラジオ体操。それを終えると、相互に元気いっぱいであることを確認し合い、連絡事項やその時期の学校生活のテーマを話題にします。そして、7人がそろって掃除を終えたばかりの廊下と階段を通過しランニングに出向きます。学校生活に向かう助走としての朝の生活日課です。学級集団としての一体感が静かに積み上がっていきます。

● ドタバタ、満喫

　この学級には後日談があります。生活を共にした5人の生徒と2人の教師によるケミストリーでは、お互いがかけがえのない仲間としての思いがありました。

　実は、思いがけぬ不調や不運もありました。各学年での宿泊行事では、誰かが代わる代わる体調を崩していました。1学年時の一泊二日の宿泊学習では、不慣れな環境が苦手だというVさんが、食事と睡眠を一切取らずに過ごしました。2学年時の二泊三日の宿泊学習では、X君が長旅で調子を崩し自家中毒で、飲めず、食えず、という状況。3学年時の三泊四日の修学旅行では、U君が入院することになり欠席。その都度、5人は互いの様子を気にかけていました。

　このような旅行をめぐる不調や不運があったことから、なんとか全員が、宿泊の経験を共に、楽しく味わえるようにと卒業旅行を計画しました。W君が大

張り切りで行き先を選定。副担任は、現地での活動を共にするボランティアさんを集めました。

　卒業式を終えた直後の教室では、「最後のホームルーム」などというドラマチックな展開はありません。翌日からの一泊二日の旅程表を配布し、持ち物や集合時間、保険のことや緊急時の連絡手段を確認して下校するというドタバタ劇です。

　そして、旅行当日の駅前広場、Ｙさんは、楽しみすぎて前日一睡もせず集合。皆を振り切らんばかりの勢いで改札を突き進みました。片道90分の満員電車では、Ｕ君が皆に席を譲り私と一緒につり革で耐えました。さぞ疲れたろうにと思いＵ君の表情を見ますと、むしろ誇らしげでした。Ｖさんも、Ｘ君も、目新しい街並みを初めて会うボランティアさんと一緒に歩き、銭湯を共にし、すき焼きをたらふく食べました。満喫の一泊二日でした。

　帰りの電車を降り、駅の改札口を出たところで、迎えに来た家族も一緒に円陣となり、Ｗ君が地元なまりの口調で「まだ、あうべし！」（またあおう）と宣言して旅行を締めくくりました。その約束は、5人が二十歳になる年に再集合し実現しました。食卓を囲みながら、卒業式の後で、校内に皆でこっそり隠しておいたタイムカプセルを開封しました。

● 支えていたつもり

　ある時、私は、転勤した夢を見ました。見知らぬ学校、見知らぬ同僚の中で、心細い思いをしていました。すると、朝の昇降口にあの5人の姿が見えました。私は、5人と一緒ならどんな所でもやっていけると思い、元気がみなぎりました。

　そこで目が覚め、こんなことに気がつきました。私は、教師として児童生徒を支える教師になりたい、そうありたいと思っていました。そんな「支えていたつもり」の私は、本当は児童生徒に支えられていたのです。これが、共に生きるというのは、支える人、支えられる人という固定的な役割の関係なのではなく、時に役割を入れ替えながら、支え合う関係なのだろうと思いました。

□□□□□■

子どもを理解し、支えようとする
教師の日常的で絶え間ない営み

　知的障害教育における支援は、「自立と社会参加」について一体的に理解し、その本質である主体的な姿の実現を目指し、授業づくりに努めます。そこでは、できる状況としての生活文脈を追求し、見取りに基づく手立ての具体的な考案と実施が求められます。その背景には、学習者としての子ども、主体者としての子ども、共生者としての子どもを理解し、支えようとする教師の日常的で絶え間ない営みがあります。

　このようなことを話すと、学生から質問を受けます。「手立てがうまくいかなかったときにはどうするのか？」「先生は成功例ばかり話しているけれど、失敗しないのですか？」と。

　私は、あらゆる失敗を、数多の失敗をしていると自覚しています。支援の手立てを実践的に追究するということは、失敗したところでやめない。成功するまで改善しようとすることです。失敗は、子どもにとっての不利益が生じてしまいます。そのことを重く受け止め、反省するからこそ、立ち止まることなく、改善の営みを止めないことが大切です。子どもを理解し支えようとする教師の日常的で絶え間ない営みによって、失敗は成功に結び付いていくのだろうと思います。そしてこれが、教師としてのやりがいや成長につながっていきます。

〈付記〉
　本章の一部（P169〜172，175〜176）は、拙稿[2][3]を改稿したものです。また、本章全般を通じ、小出進先生の著書[4]を参考にしました。

〈文献等〉
1 ）佐々木全（2003）生徒一人一人が自主・自立的に活動できる授業を目指して．岩手県特別支援教育研究会編，創造とチャレンジ，117-119.
2 ）佐々木全（2016）手立ての自然さ．日本生活中心教育研究，27，65 - 68.
3 ）名古屋恒彦編著（2012）特別支援教育青年期を支える「日常生活の指導」Q＆A．東洋館出版.
4 ）小出進（2014）知的障害教育の本質—本人主体を支える．ジアース教育新社.

あ と が き

■□ 本書は、何かの結論を示すものではなく、 対話の端緒を提供するものです。

　本書を執筆した目的は、私の、あるいは私たちの考えを読者の皆さんに伝えるということでした。しかし、読者の皆さんにそれをもって説得しようということではありません。また、無批判的な受け入れを求めてはいません。

　むしろ、本書の、語りを受けとっていただいたならば、皆さん一人ひとりの対話を始めてほしいと思っています。本書との対話、本書をきっかけにしたお仲間との対話を広げ、そして深めていただければ大変うれしく思います。

　そして、もちろん対話は、授業づくりへとつながっていくものです。授業づくりは、学校生活づくりです。その営みを教師の立場で語ったのが本書でした。しかし、学校生活づくりは教師だけのものではありませんし教師だけで成し遂げることはできません。言うまでもなく、その生活の主体となるべき子どもがいてこその学校生活です。

□■ 本書の続編は…

　本書は、多くの皆様のご協力をもって出版に至りました。

　岩手大学教育学部附属特別支援学校の先生方、いわて子ども主体の知的障害教育を学ぶ会の皆様には、本書に通じる多くの知見をいただきました。また、本書全編にわたっては、小出進先生のご著書『知的障害教育の本質―本人主体を支える』（ジアース教育新社）を参考とし、多くの学びと考えを導いていただきました。ジアース教育新社の加藤勝博様、舘野孝之様、馬場美季様には、随時の的確なご指導を賜りました。心より感謝申し上げます。

　さて、本書を端緒とした対話は、授業づくりへとつながっていくものと先に述べました。それは、本書の続編を皆さんが編むことです。私もまた、私の続編を編むことにいたします。

2022年9月　佐々木　全

執筆協力者（五十音順）

東　　信之（第4章，第6章）

大森　響生（第2章～第6章）

田淵　　健（第2章～第4章）

坪谷　有也（第5章～第6章）

名古屋恒彦（第2章～第5章）

最上　一郎（第5章～第6章）

知的障害教育の授業づくり A to Z

―子ども主体の知的障害教育の理論と実践を巡る語りあい―

2022年11月7日　　初版第1刷発行

■監　修　　名古屋　恒彦
■編　著　　佐々木　全
■発行人　　加藤　勝博
■発行所　　株式会社ジアース教育新社

〒101-0054 東京都千代田区神田錦町1 -23　宗保第2ビル
TEL：03-5282-7183　FAX：03-5282-7892
E-mail：info@kyoikushinsha.co.jp
URL：https://www.kyoikushinsha.co.jp/

■似顔絵　　佐々木　全
■イラスト　　岡村　治栄
■表紙デザイン　水戸　夢童（株式会社エスリアン）
■印刷・製本　　株式会社創新社
Printed in Japan
ISBN 978-4-86371-642-1
定価は表紙に表示してあります。
乱丁・落丁はお取り替えいたします。（禁無断転載）